¡ESO ES! I
Spanisch für Anfänger

Neubearbeitung

von Joaquín Masoliver
Ulla Håkanson
Hans L. Beeck

Zeichnungen von Göran Lindgren

Ernst Klett Verlag für Wissen und Bildung
Stuttgart · Dresden

ESO ES I – Lehrbuch

von

Joaquín Masoliver,
Ulla Håkanson,
Hans L. Beeck.

Neubearbeitung durch die
Verlagsredaktion Weiterbildung Fremdsprachen;
Mitarbeit an diesem Werk: Dr. Carlos Segoviano, Verlagsredakteur

in Zusammenarbeit mit

Graciela E. Vázquez, M. A.,
Dr. Bernd Thyssen,
Gerhard Lang-Valchs.

Bildquellennachweis: Agencia Efe, Madrid 54, 60; Dittmer, Harry TIO 49 (1); Krabel, Wolf 35 (2), 65; Lindgren, Göran 48–49, 67; Ministerio de Turismo, Madrid 41 (4), 55 (3); Olson, Lennart/TIO 34; Paisajes Españoles, Madrid 41 (1); Pressens Bild 35 (1, 3), 41 (2, 3), 49 (2), 55 (2); Rahmlow, Barbara 25; Swedish Magazine Service 55 (1).

Gedruckt auf Recyclingpapier, gefertigt aus 100% Altpapier.

1. Auflage   1   19   18   17 | 1997   96   95   94   93

Alle Drucke dieser Auflage können im Unterricht nebeneinander benutzt werden. Die letzte Zahl bezeichnet das Jahr dieses Druckes.
© Joaquín Masoliver, Ulla Håkanson, Hans L. Beeck und Almqvist und Wiksell Läromedel AB, Stockholm.
© dieser Ausgabe: Ernst Klett Verlag für Wissen und Bildung GmbH, Stuttgart 1984.
Alle Rechte vorbehalten.
Umschlaggestaltung: Hans Lämmle, Stuttgart.
Druck: Druck- und Verlagshaus Jena. Printed in Germany.
ISBN 3-12-514200-8

Vorwort

Eso es ist ein Lehrwerk für Erwachsene. Es eignet sich in besonderem Maße für den Unterricht an Volkshochschulen sowie an Dolmetscher- und Sprachschulen. **Eso es** kann aber ebenso an Gymnasien wie auch für das Selbststudium eingesetzt werden.

Eso es basiert auf der vom deutschen VHS-Verband herausgegebenen Strukturen- und Wortschatzliste und erfüllt damit die Forderungen der Zertifikatsrichtlinien.

Schwerpunkte dieser **Neubearbeitung** sind: die Aktualisierung der Themen (s. z. B. Lektionen 19, 20, 21, 29, 34, 43) und die grammatische Progression (die Vergangenheitszeiten werden früher eingeführt, s. Lektionen 13, 14, 15, 32, 36). Im Arbeitsbuch sind außerdem zahlreiche neue Übungen aufgenommen worden, die besonders zur Schulung des Hörverstehens und des freien Sprechens dienen sollen.

Lernziel — Ziel des modernen Fremdsprachenunterrichts ist die Kommunikationsfähigkeit. **Eso es** ist so konzipiert, daß der Lernende schon in kurzer Zeit in der Lage ist, Spanisch zu verstehen und zu sprechen und sich bereits nach wenigen Lektionen in zahlreichen Situationen zurechtzufinden. Entsprechend dieser Zielsetzung vermittelt **Eso es** die lebendige Umgangssprache.

Texte und Situationen — Die meisten Texte behandeln Alltagssituationen wie: beim Arzt, im Hotel, im Restaurant, beim Einkauf, auf dem Bahnhof, bei der Polizei, im Reisebüro, usw. Sie werden in der überwiegenden Anzahl in Form von lebensnahen Dialogen dargeboten.

Landeskunde — Die Texte enthalten eine Fülle interessanter Informationen über Spanien und die lateinamerikanischen Länder. Sie geben z. B. Auskunft über Wirtschaft, Industrie, Landwirtschaft, klimatische Verhältnisse, Eß- und Trinkgewohnheiten, Gesellschaftsschichten, Arbeitsbedingungen, Schule, spanische Regionen, Besonderheiten zahlreicher lateinamerikanischer Länder, Hauptstädte, Geschichte...

Illustrationen — Die zahlreichen Photos, Zeichnungen und authentischen Materialien sind nicht nur ein auflockerndes Element. Sie verdeutlichen vielmehr die Texte und die dargestellten Situationen und erleichtern dadurch deren Verständnis. Sie motivieren den Lernenden und fördern daher seine Sprechbereitschaft. Somit sind sie ein methodisch wesentlicher Bestandteil des Werkes.

Übungen — Das Arbeitsbuch enthält zu jeder Lektion ein umfangreiches und methodisch vielfältiges Übungsangebot wie Verständnisfragen zu den Texten, Mini-Dialoge, Einsetzübungen und Hörverstehensübungen. Von der zweiten Lektion an werden auch Transferübungen angeboten.

Grammatik — Im Anhang des Lehrbuches befindet sich eine übersichtliche Darstellung der wichtigsten grammatischen Phänomene, wobei insbesondere die Strukturen ausführlich behandelt werden, die Deutschsprachigen besondere Schwierigkeiten bereiten. Die Anwendung der Strukturen wird durch repräsentative Beispielsätze verdeutlicht.

Weitere Materialien — Das Lehrbuch wird ergänzt durch begleitende Materialien wie Arbeitsbuch, Lehrerband, Sprachlaborübungen (ESO ES I – ACTIVO), Compact-Cassetten.

Inhalt Índice de materias

Texte bzw. Strukturen mit einem * sind fakultativ.
Durch *Kursivdruck* gekennzeichnete Strukturen werden erst in späteren Lektionen oder in ESO ES 2 ausführlich behandelt.

	Text / Tema	Strukturen / Estructuras	Wiederholung / Repaso	Seite / Página
1	**En la frontera** (An der Grenze)	**el, un, uno, una; la; qué + Substantiv; es; ¿qué hay?; ¿qué es?; Plural -s; Zahlen 1–5; ¿cuántos, cuántas?;** *Adjektiv -a*		8
2	**¡Hola, buenos días!** (Städte; Grußformel „du", „Sie")	**¿dónde está?; no + está (en); ¡mucho gusto!, ¡encantado, encantada!; yo soy; ¿de dónde es usted?;** *no sé; ¿cómo estás?, ¿cómo está usted?*		9
3	**España; Latinoamérica** (Landeskundlicher Text: Geographische Angaben über Spanien und Lateinamerika; Transportmittel)	**voy, va; ¿adónde va usted?; voy a…; en avión, en barco…;** *Verben -ar: Präsens, 3. Person Singular; *se habla(n)*	es; está en; ¿dónde está?	10
4	**En la calle** (Auf der Straße)	**está + bestimmter Artikel; hay + unbestimmter Artikel; Plural -es;** *no sé; pregunte a…; *tome*	un, una; el, la; no + hay; es; Verben -ar: Präsens, 3. Person Singular; está en	12
	*¿Cuántas paradas? (An der Bushaltestelle)	Zahlen **5–6**	¿cuántos, cuántas?; ¿cómo está usted?	
	¿Adónde vas? (Grußformel „du", „Sie")	**a, al, a la; vas**		
5	**En Barcelona** (Über die Arbeit)	**¿quién?;** *Infinitiv -ar;* **Verben -ar: Präsens 1., 2., 3. Person Singular; Verb + mucho; ¿por qué? – porque;** *¿qué hace?; Fragewörter*	el, la; está; es; hay; voy, vas, va	14
6	**Postales y sellos** (Kauf von Postkarten und Briefmarken)	**Zahlen 1–20; ¿cuánto cuesta(n)?; déme…; tenga; son;** *ya no*	¿quién es?; ¿qué es?	15
7	**En casa de Mari Carmen** (Die Familie)	**Verben -ar: Präsens; Präsens von ir; los, las**	el, la; está; es; hay	16
	Mari Carmen busca trabajo (Die Arbeit; Arbeitszeit) *Stellenanzeige	**Verben -ar: Präsens; son; Adjektiv -o, -a; por la mañana, por la tarde**	está, están; Zahlen 1–9; ¿cuántos, -as?; ¿cuánto?; ¿quién, quiénes?	
8	**En las Ramblas: Periódicos; Revistas; *Lotería** (Kauf von Zeitungen, Zeitschriften, Lotterie)	**Zahlen 1–90; ¿tiene usted…?; tengo**	¿cuánto cuesta?; déme; son; Präsens -ar	17
	¿Está lejos? (Entfernung)		está a…; voy, va	
	¿Cuántos años tienes? (Alter)	**tengo, tienes, tiene; a ver; ¿cuántos años tienes?; ¡Eso es!**	Zahlen 1–90; ya no	
9	**En la calle de la Cruz** (Straße in Madrid)	**Genitiv: de, de la, del; a la izquierda/derecha de; delante de**	está + bestimmter Artikel; hay + unbestimmter Artikel	18
	El estanco (Im Tabakladen)	**este, ese, aquel; estos, esos, aquellos; aquí, ahí, allí;** *un paquete de*	déme; Genitiv	
	¿De quién es? (Auf der Straße)	**¿de quién?; es de, son de**	Präpositionen	

4

10	El bar Granada (Im Restaurant)	muy + Adjektiv; **no me gusta; un bocadillo de**	Verben **-ar**: Präsens; **está; hay**; Adjektivdeklination	20
	El desayuno (Frühstück)	**no... nunca;** me gusta más	**hay** + unbestimmter Artikel; Negation: Präsens von **ir**	
	Empiezo a las nueve (Wann? Um wieviel Uhr?)	Verben **-ar** mit Diphthong **e > ie**; Uhrzeit; ¿a qué hora?	Zahlwörter; Präpositionen	
11	**Un jersey azul** (Kauf von Damenkleidung; Farben)	Verben **-ar** mit Diphthong **o > ue**; Zahlen **100–1000**; ¿te gusta?	Verben **-ar**: Präsens; **no sé**; Adjektivdeklination	22
12	Una llamada telefónica (Telefongespräch)	Präsens **estar**; *Possessivpronomen su*	Diphthong **o > ue**; Zahlen **100–1000**	22
	*Casa barata (Herrenbekleidung)	**te gusta(n); este, esta**	Präsens **estar, tener; a ver**	
13	Viajantes – A mediodía (Alltag eines Vertreters)	Verben **-er**: Präsens; Personalpronomen als Subjekt; Verben **-er** mit Diphthong **i > ie**; **algo – nada; no... nada;** *un buen amigo; oiga – diga*	Präsens **estar, tener; tiene** + Alter; Zahlwörter; **déme**	24
	Por la tarde (Telefongespräch) *Lista de hoteles (Hotel, Zimmer, Preise)	Verben **-ar**: regelmäßiges Perfekt; Personalpronomen nach einer Präposition; **ya no; todavía no;** *Ordnungszahlen 1–3*	**dígame**	
14	Hacer la compra... Algo diferente (Einkaufen; Rezept)	Futur mit **ir; hay que;** Maß, Menge, Anzahl + **de**; *todo lo que*	Präsens **empezar**	26
	De compras (Im Supermarkt) En el puesto de pescado (Am Fischstand)	¿a cuánto está(n)...?	**lo que;** Zahlwörter; Fragewörter; Maß, Menge, Anzahl + **de**	
15	...Y comer – En la cocina (In der Küche)	regelmäßiges Perfekt; **haber**: Präsens	Futur mit **ir;** Uhrzeit	28
	En el comedor (Tischdecken)	Perfekt **poner; estar** vor Partizipien	Präsens **estar; otro**	
	A la mesa (Beim Essen) De sobremesa (Nach dem Essen) Suena el teléfono (Telefongespräch)	unregelmäßiges Perfekt: **volver, hacer, poner, escribir, abrir, decir;** **ser** oder **estar** + Adjektiv; *está(n) sentado(s); te parece*	Futur mit **ir; al, a la;** **diga; dígame;** Uhrzeit; **estar** + Partizip	
16	El tiempo (Wetter)	**buen, mal; tengo calor/frío; hace** + Wetter	**le gusta; (no) me gusta; vamos a tomar**	30
	Dos postales (Ansichtskarten; Datum im Brief)	**bueno, buena – buen;** Datum; Jahreszahl	Verben mit Diphthong	
	Los meses (Monate; Datum)	Monate; Datum	**a ver; ¡Eso es!**	
17	América Central – En Guatemala no hay primavera (Zentralamerika; Jahreszeiten)	**hace** + Wetter; regelmäßiges und unregelmäßiges Perfekt		31
18	En la playa (Am Strand; Länder, Sprachen)	Nationalitätsadjektive; **a mí me gustaría...; me/te gustaría ir...;** *tardar en* + Infinitiv	Uhrzeit	32
19	El norte – El País Vasco (Landeskundlicher Text: Nordspanien)	*se llama, se exporta; se habla(n); se dice*		34
20	Los chicos de Masnou (Schule, Stundenplan, Uhrzeit, Wochentage)	Präsens **tener; ¿qué hora es?;** Possessivpronomen, unbetonte Form; **encima de, debajo de, delante de, detrás de;** Wochentage	**tener** + Alter; Uhrzeit; Verben mit Diphthong **o > ue**; Verben **-er** mit Diphthong **e > ie**	36
	Suena el teléfono (Telefongespräch)	Verben **-er** mit Diphthong		
	Primer día de clase (Am ersten Schultag)	Präsens **ser** und **volver; tener que** + Infinitiv *viven; hacen; primer*	Verben **-er** mit Diphthong **e > ie**	

21	**Un pescador – Álvaro Conqueiro** (Arbeitstag eines Fischers) **Galicia** (Galicien; Sprache)	Reflexive Verben **-ar**: Präsens, Perfekt; Gerundium: **(está(n) cenando...**; **tener que** + Infinitiv; Präsens **irse**; *vive, viven; salen; se habla, se dice*	Uhrzeit; ¿**qué hora es?**; Verben mit Diphthong	38
22	**El centro – Madrid** (Landeskundlicher Text: Zentralspanien, Madrid)	Regelmäßiger Komparativ und Superlativ; **bueno, mejor, el mejor, muy bueno; malo, peor, el peor; ¿te gusta?** *tanto... como; se cultiva(n); tome*	Zahlwörter; **gran, grande; este, estas, estos, estas**	40
	En el Rastro (Auf dem Flohmarkt)	Präsens **dar**	ese, esa, esos, esas	
23	**La señora Carmen Pérez de González** (Beim Hausmeister; Namen)	Ordnungszahlen **1–5**; Verben **-ir**: Präsens	**tener que** + Infinitiv; Reflexive Verben: Präsens	42
24	**El periodista** (U-Bahn in Madrid)	**mayor, menor; el/la mayor – menor;** Präsens **hacer, salir;** Präsens **-ar, -er, -ir; acabar de** + Infinitiv	Präsens **ir, dar; tener** + Alter reflexive Verben; Possessivpronomen	43
	En el aeropuerto (Auf dem Flughafen)	Präsens **venir**	**ser** + Nationalitätsadjektive	
25	**El tren no llega** (Warten auf den Zug; Fahrplan)	Gerundium **-ar, -er, -ir; las dos y media;** *Akkusativ mit a; leyendo*	Wetter; Uhrzeit; Präsens **venir, poder**	44
26	**Una familia nerviosa** (Auf dem Bahnsteig)	Personalpronomen im Akkusativ; Akkusativ mit **a**; Präsens **ver**	**¿te gusta? – me gusta; acabar de** + Infinitiv	45
27	**El piso nuevo** (Wohnung, Zimmer, Möbel)	Personalpronomen beim Infinitiv; Präsens **poner**		46
28	**En la agencia de viajes** (Im Reisebüro)	Zahlwörter ab **1000**; **por la mañana/tarde/noche;** *hay que*	**tener que** + Infinitiv; Uhrzeit; Datum; Ordnungszahlen; Präsens **querer, poder**	47
29	**El sur – Gibraltar, Ceuta y Melilla** (Landeskundlicher Text: Südspanien)	se produce, se cultiva(n), se piensa; *Präsens von enviar*		48
30	**Un campesino andaluz** (Saisonarbeiter)	Präsens **conocer;** zusätzliches Personalpronomen; *estar contento*	Akkusativ mit **a**; Gerundium; reflexive Verben: Präsens; **poder; tener que;** Uhrzeit	50
31	**En la aduana** (Am Zoll) **En el cine** (Im Kino)	Possessivpronomen, betonte Form	**acabar de** + Infinitiv; **¿de quién es?; este, ese**	51
32	**Robo de un cuadro** (Zeitungsnachricht)	Indefinido: Verben **-ar;** Indefinido: **llegar, pagar, empezar;** Indefinido: **hacer, ir**	Personalpronomen: Akkusativ; Uhrzeit; Zahlwörter	52
33	**Cartas – Una carta del extranjero** (Brief eines Gastarbeiters)	Indefinido: Verben **-ar; llevar** + Zeitangabe; Indefinido decir	Perfekt; Datum, Jahreszahl	52
	Una carta al extranjero (Antwort an den Gastarbeiter)	Indefinido: Verben **-er, -ir;** Indefinido **estar, ver, ir, hacer, decir;** Indefinido: reflexive Verben; **decir:** Indefinido, Perfekt	Personalpronomen: Dativ, Akk.; zusätzliches Personalpronomen	
	Diálogos		Indefinido; Perfekt	
34	**El este** (Landeskundlicher Text: Ostspanien)	se cultiva, se cultivan	Zahlwörter	54
	Los Caballé (Obstplantage)	**alguien, nadie; no... nadie; no... nunca**	Personalpronomen: Akkusativ; unregelmäßiges Perfekt	
35	**El ministro** (Der „Herr Minister")	**algún, alguno, alguna; ningún, ninguno, ninguna;** *les (Dativ)*	regelmäßiges und unregelmäßiges Perfekt; Personalpronomen: Akkusativ	56

36 **En la comisaría** (Auf dem Polizeirevier)	Imperfekt **-ar, -er**; Imperfekt **ser**; Indefinido **poner, dar, ver, hacer, ir**; Imperfekt – Perfekt – Indefinido; *cayó*	**hace** + Zeitangabe; Indefinido – Perfekt; Personalpronomen: Akkusativ	57
37 **Cartas al director** (Leserbriefe: Umweltprobleme) *Correspondencia (Brieffreundschaft)	Imperfekt (Gewohnheit) **-ar, -er, -ir**; Adverb **-mente** **me gusta; me gustaría**	Imperfekt (Beschreibung); **muy, mucho, muchos**	58
38 **Billetes y monedas** (Auf der Bank) **Diálogos**	Personalpronomen: Dativ; Personalpronomen beim Infinitiv; **me gusta; me gustaría;** *haga el favor de...* Personalpronomen beim Perfekt, Gerundium und Infinitiv	**algunos – ningunos**; Nationalitätsadjektive; ¿**te gusta(n)?**; **me gusta(n) más** **tener que**	59
39 **Deporte y tapas** (*Sport; Getränke, Vorspeisen) **En el aparcamiento** (Auf dem Parkplatz)	Personalpronomen mit Präposition; zusätzliches Personalpronomen; Präsens **preferir**; *jugar a; *pero...sí; *tráigame; traigo* **conmigo, contigo; con él/ella/ellos/ellas**	¿**os gusta(n)?**; ¿**les gusta(n)?**; **conocer**: Präsens; Akkusativ mit **a** **ninguno de**	60
*40 **Una página escogida** (Text von Camilo José Cela)	zusätzliches Personalpronomen im Dativ; *cualquiera*	**gustar**	61
*41 **Consultorio** (Beim Arzt)	Imperativ **usted, ustedes: -ar, -er, -ir**; Imperativ **usted, ustedes: hacer, ir, tener, traer, poner, decir, volver**; Personal- und Reflexivpronomen beim Imperativ; Präsens **doler**	Verben mit Diphthong; reflexive Verben; **mejor – peor – muy mal**	62
42 **Andrés está triste** (Kinobesuch)	*ponerse (werden)*	Perfekt; Personalpronomen	64
43 **Latinoamérica – El Ecuador** (Landeskundliche Texte: Lateinamerika – Ekuador) **Eraclio Pacheco** (Hutmacher in Ekuador) **Países y datos** (Geographische Angaben; Export; Währung) *El quechua y otros idiomas (Andere Sprachen Lateinamerikas)	*construyeron **hace** + Zeitangabe; *no...ni; *murió* *muchos de*	Indefinido; **se habla – se llama** **alguien – nadie** Superlativ	65
44 **Las flores** („Blumen im Auto")	Imperfekt – Indefinido; Indefinido **poder, tener**; Plusquamperfekt		67
45 **Extremadura** (Landeskundlicher Text: Westspanien) **Jorge Rodríguez** (Interview)	 * *los que tenemos*	**se produce; se han construido** **ir – irse; hablan, tienen; se habla – se ha(n) ido**	67

Grammatische Übersichten S. 68
Alphabetisches Wörterverzeichnis S. 94
Erklärung der grammatischen Fachausdrücke S. 101
Sachregister zur Grammatik S. 104
(Wörterverzeichnis nach Lektionen im Arbeitsbuch)

1 En la frontera

- A ¿Qué hay en el bolso? — Was ist in der Tasche
- B Hay un disco y un libro.
- A ¿Algo más?
- B Sí, hay también un periódico, una carta y una revista.
- A ¿Y esto? ¿Qué es?
- B Es una cámara fotográfica.

- A ¿Qué hay en la maleta?
- B ¿En qué maleta?
- A En la maleta negra.
- B Camisas y botellas.
- A ¿Botellas? ¿Cuántas?
- B Dos o tres.
- A ¿Dos o tres?
- B Cuatro.

- A ¿Tabaco? ¿Chocolate?
- B No, señor.
- A ¿Qué hay en la maleta blanca?
- B Camisas, discos…
- A ¿Discos? ¿Cuántos?
- B Hay cinco discos.

2 ¡Hola, buenos días!

¿Dónde está?

Paco   Burgos está en España, ¿verdad?
Pepe   Sí, claro.
Paco   Y Lima, ¿también?
Pepe   Sí, sí, Lima también.
El señor   No, chicos. Lima está en Perú.
           ¿Y dónde está Montevideo?
Pepe   No sé...
Paco   ¿También en Perú?
El señor   No, Montevideo está en Uruguay.

Buenos días

A   ¡Buenos días, señor! ¿Cómo está usted?
B   Muy bien, gracias. ¿Y usted?
A   Muy bien.

A   ¡Adiós, señor!
B   ¡Adiós, señora!

¡Encantado!

A   La señora Navarro.
B   ¡Mucho gusto!
C   ¡Encantada!

A   El señor Álvarez.
B   ¡Mucho gusto!
C   ¡Encantado!

Entre amigos

Carmen   ¡Hola, Pedro!
Pedro   ¡Hola, Carmen! ¿Qué tal?
Carmen   Bien. Y tú, ¿cómo estás?
Pedro   Muy bien, gracias.

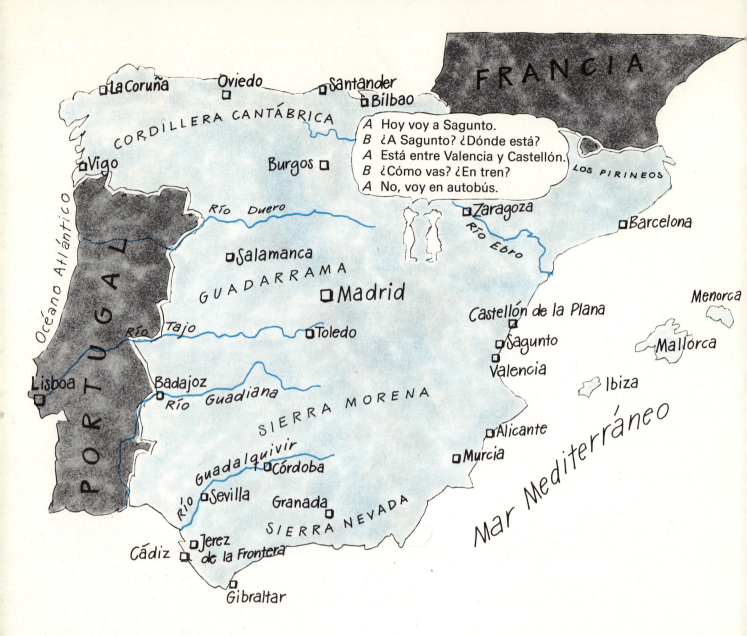

3 España

Esto es España.
Aquí se hablan cuatro lenguas:
español (o castellano),
catalán, gallego y vasco.
5 Madrid es la capital de España.
Está en el centro del país.
Barcelona es una ciudad grande.
Está en el noreste, en la costa.
En Barcelona hay una fábrica de coches, la SEAT.
10 Badajoz está en el oeste,
Bilbao en el norte y Sevilla en el sur.
Mallorca es una isla.
Los Pirineos están en el norte.
España limita con Francia y Portugal.
15 España exporta coches, zapatos,
naranjas, vino tinto, jerez...

aquí hier
se habla(n) man spricht
la lengua die Sprache
el español, el castellano Spanisch
(el) catalán Katalanisch
(el) gallego Galicisch
(el) vasco Baskisch
la capital de España die Hauptstadt Spaniens
el centro del país das Landesinnere
una ciudad grande eine große Stadt
en el noreste im Nordosten
en la costa an der Küste
la fábrica de coches Automobilfabrik
en el oeste im Westen
en el norte im Norden
en el sur im Süden
una isla eine Insel
los Pirineos die Pyrenäen
limita con grenzt an
Francia Frankreich
exportar exportieren
la naranja Apfelsine
el vino tinto Rotwein
el jerez Sherrywein
el zapato Schuh
el río Fluß
el mar Meer
el océano Ozean

Latinoamérica

Montevideo

A Mañana voy a Montevideo.
B ¿A Montevideo? ¿Dónde está?
A En Uruguay.
B ¿Va usted en avión?
A No, voy en barco.

Argentina y Nicaragua

A ¿Argentina es un país grande?
B Sí, muy grande.
A ¿Y Nicaragua también?
B No. Nicaragua es un país pequeño. Está en América Central.

En un avión

A ¿Adónde va usted?
B Voy a Cuba.
A ¿El avión no va a Ecuador?
B No, señorita, va a Cuba.

el Mar Caribe das Karibische Meer
el Océano Pacífico der Stille Ozean
el Océano Atlántico der Atlantische Ozean

4 En la calle

❶ La señorita Molina está en la calle de Solana.
Lleva una maleta negra y una cámara fotográfica.
Busca el hotel Goya.
En la calle hay una farmacia, un banco y dos bares.
No hay hoteles.
En la calle hay autobuses y coches.

❷ En la calle de Cervantes hay un hotel.
No es el hotel Goya. La señorita entra en el hotel.

La señorita	¡Buenos días, señor! ¿Dónde está el hotel Goya, por favor?
El portero	¿El hotel Goya? No sé dónde está, señorita. ¡Pregunte a un guardia!

❸
La señorita	¿Dónde está el hotel Goya, por favor?
El guardia	En la plaza de Colón.
La señorita	¿Está lejos?
El guardia	No, señorita, está cerca. Está allí.
La señorita	Gracias.
El guardia	No hay de qué.

❹ * ¿Cuántas parudas?

A ¿La plaza de España, por favor?
B Tome el autobús número seis.
A ¿Cuántas paradas hay?
B Cinco, señorita.

❺
A ¡Buenos días!
B ¡Buenos días! ¿Cómo está usted?
A Muy bien, gracias, ¿y Ud?
B Pues, regular.

❻ ¿Adónde vas?

José ¡Hola, Carmen! ¿Qué tal?
Carmen Bien, ¿y tú?
José Muy bien, gracias.
Carmen ¿Adónde vas?
José Al cine, ¿y tú?
Carmen A la biblioteca. ¡Hasta luego!
José ¡Hasta luego!

5 En Barcelona

¿Quién es la chica que está en la calle?
Es María. Trabaja en el hotel Goya. ¿Qué hace allí?
Trabaja en la cocina. Es cocinera.
¿Y quién es el chico? Es Carlos.
5 Monta coches en la fábrica SEAT. Es mecánico.
Ahora va en bicicleta a la fábrica.

Carlos ¡Hola, María! ¿Qué tal?
María ¡Hola, Carlos! Bien, ¿y tú?
Carlos Muy bien. ¿Trabajas aquí ahora?
10 *María* Sí, y tú, ¿dónde trabajas?
Carlos En la SEAT.
María ¿Ganas mucho?
Carlos No. Trabajo mucho, pero gano poco.
Y tú, ¿ganas mucho en el hotel?
15 *María* No, y yo también trabajo mucho.
Pero pronto voy a París a trabajar
en un restaurante.
Carlos ¿A París? Pero, ¿por qué?
María Porque mi familia está allí.
20 ¡Hasta luego!
Carlos ¡Hasta luego! ¿Adónde vas?
María Voy a casa de Mari Carmen.

6 Postales y sellos

Tres postales

A ¿Qué es esto?
B Es un cuadro de Picasso.
A ¿Cuánto cuesta?
B Siete pesetas.
A Tenga, diez.
B Tenga la vuelta: … ocho, nueve y diez, gracias.

A ¿Qué iglesia es?
B Es la catedral de Burgos.
A ¿Cuánto cuesta?
B Trece.
A ¿Cuánto? ¿Tres?
B Trece, señor, trece.

A ¿Quién es?
B Paco Camino. Once pesetas.
A Tenga quince.
B Gracias, tenga la vuelta: doce, trece, catorce y quince.

* **Los precios cambian**

A ¿Una postal cuesta solamente siete pesetas?
B Ya no. Ahora cuesta diez o quince pesetas.
   Y en Alemania, ¿cuánto cuestan las postales?
A …

En la estafeta de correos

A Déme dos sellos de seis pesetas, por favor.
B Tenga, son doce pesetas, señorita.
A Tenga, gracias.

7 En casa de Mari Carmen

María y Mari Carmen están en casa de Mari Carmen, en la cocina. Hay una mesa y tres sillas. En la mesa hay dos tazas. Las chicas toman café. Entran los padres de Mari Carmen.

5 La madre trabaja en casa. El padre en una empresa que exporta maletas y bolsos. Pero hoy no trabajan. Es domingo.

La madre Buenas tardes, María. ¿Cómo está usted?
María Muy bien, gracias, ¿y usted?
10 *La madre* Muy bien, gracias. Mari Carmen dice que usted va a París.
María Sí, mi familia está allí. Mi padre trabaja en un restaurante.
El padre ¿Vamos?
15 *Mari Carmen* ¿Adónde vais?
El padre Al cine de la calle de Solana.
Mari Carmen ¿En la calle de Solana hay un cine?
La madre Sí, es nuevo. Bueno, ¡vamos, Ricardo! ¡Hasta luego, chicas!
20 *Las chicas* ¡Hasta luego!

Mari Carmen busca trabajo

Mari Carmen ¿Cuántos trabajáis en el hotel?
María Seis: tres chicas, dos chicos y el jefe.
Mari Carmen ¿Es simpático?
25 *María* ¿Quién? ¿El jefe? Sí, pero es muy exigente.
Mari Carmen ¿Trabajáis mucho?
María Yo trabajo ocho horas al día. Por la mañana de ocho a una. Y por la tarde de cuatro a siete. Pero hoy no trabajo por la tarde.
30 *Mari Carmen* ¿Quiénes son los chicos?
María Luis y Alberto. Luis es portero y trabaja en la recepción. Es muy simpático. Alberto trabaja en el bar.
Mari Carmen Ahora que tú vas a París, ¿no
35 necesitan una cocinera?
María No sé. Luis dice que buscan chicas en el hotel Continental.
Mari Carmen Sí, pero está muy lejos. Y no pagan mucho.

*
PENSIÓN necesita dos camareros y una cocinera.
Teléfono: 2 11-12-15

RESTAURANTE MODERNO necesita camarero con experiencia. 60 mil ptas. al mes, con las pagas.
Teléfono: 2 12-14-10.

HOTEL CONTINENTAL busca chicas. 40.000 ptas. al mes, con las pagas.
Teléfono: 2 11-13-04.

8 En las Ramblas

❶ Periódicos

A El ABC, por favor.
B Tenga, ocho pesetas.
A ¿Cuánto? ¿Ocho?
B Sí, es domingo.
A ¡Ah, sí! Es verdad. Tenga, diez.
B Gracias. Tenga la vuelta: ... nueve y diez.

❷ Revistas

A Blanco y Negro, por favor.
B No quedan, señora.
A ¿Qué revistas tiene usted?
B Tengo Hola y Semana.
A Déme Semana, por favor. ¿Cuánto cuesta?
B Quince pesetas.

❸ Lotería

A El gordo para hoy. ¿Quién compra el gordo?
B Déme cuatro números, por favor.
A Son veinte pesetas.

❹ ¿Está lejos?

A La Sagrada Familia, ¿está lejos?
B ¿Va en coche?
A No, voy a pie.
B Está a unos treinta minutos de aquí.

❺ ¿Cuántos años tienes?

A ¿Cuántos años tienes?
B Siete.
A Yo tengo seis. A ver si adivinas cuántos años tiene mi padre.
B No sé ... ¿Treinta?
A Más ...
B ¿Cuarenta?
A Menos ...
B ¿Treinta y cinco?
A Eso es, treinta y cinco.

* En 1984 un periódico cuesta en España 40 pesetas.
Una revista cuesta entre 50 y 150 pesetas.

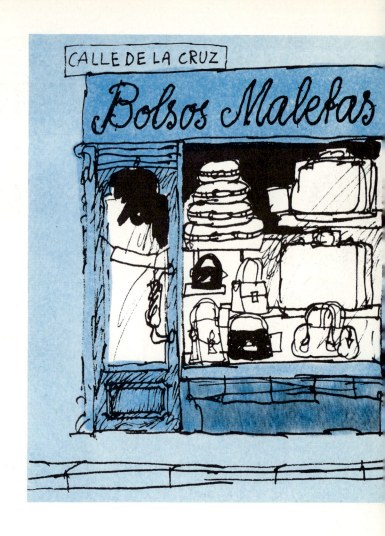

9 En la calle de la Cruz

Una calle de Madrid

La calle de la Cruz está en el centro de Madrid. Allí está el estanco de la señora Valera. Delante del estanco hay un buzón. A la derecha del estanco hay un bar. A la izquierda de la
5 farmacia hay una tienda de bolsos y maletas. Delante de la farmacia hay un coche negro.

El estanco

El señor Sotelo entra en el estanco. Desea comprar cigarrillos. En el estanco hay cigarrillos, pipas y cajas de cerillas. Los cigarrillos y las
10 pipas están a la derecha. A la izquierda hay sellos, postales y también bolígrafos.

El señor Buenos días.
La estanquera Buenos días, señor. ¿Qué desea?
El señor Déme un paquete de 46, por favor.
15 *La estanquera* No hay, señor. Pero aquí tengo una marca nueva. ¿Desea esta marca?
El señor No, gracias. Entonces déme un paquete de Ducados.
La estanquera Muy bien. ¿Algo más?
20 *El señor* Sí, necesito un bolígrafo. Aquellos bolígrafos que están allí, ¿son caros?
La estanquera No, son baratos. Cuestan 25 pesetas.
El señor Aquí, al lado de estas postales, hay un
25 bolígrafo grande...
La estanquera ¿Ése que está ahí?
El señor Sí, éste. ¿Cuánto cuesta?
La estanquera 44 pesetas, señor.
El señor Demasiado caro. Déme uno de aquellos
30 bolígrafos pequeños. 25 pesetas, ¿no?
La estanquera Sí, 25.

¿De quién es?

A ¿De quién es ese coche?
B ¿El coche negro? Del señor Sotelo.
A ¿Y quién es el señor Sotelo?
35 B Un señor que trabaja en la farmacia.
A Y aquella moto delante del bar, ¿de quién es?
B De Paco.

10 El bar Granada

En el bar

El bar Granada es pequeño. En el bar sólo hay seis mesas. Pero la barra es muy larga. En el centro de la barra hay una lámpara. A la derecha hay una cafetera.
5 Delante de la barra hay tres taburetes muy altos. Allí está el camarero. Fuma un cigarrillo. Su bandeja está en la barra. En la bandeja hay un vaso grande y tres tazas pequeñas.
El barman está detrás de la barra. Escucha
10 la radio. Encima de la radio hay muchas botellas.
En una mesa hay dos chicas y un chico. Una de las chicas es morena y la otra es rubia. El chico también es moreno.

15 Las chicas trabajan en una oficina cerca del bar y el chico estudia en el Instituto Lorca.
En otra mesa hay un señor. Trabaja en el Banco de Santander que está cerca. Siempre desayuna en este bar. En la mesa del señor
20 hay una taza grande. Hoy desayuna café y pan con mermelada. Fuma pipa. Busca algo en el periódico.
Entra una señora. Mira la lista de precios que está a la izquierda de la barra.

25 *El camarero* ¿Desea tomar algo?
La señora Sí, un refresco.
El camarero ¿Una naranjada, señora?
La señora No, la naranjada no me gusta. Déme una coca-cola, por favor.
30 *El camarero* En seguida, señora.

```
        CAFÉ
café con leche...12
café cortado....10
café expreso....9
       REFRESCOS
limonada......12
naranjada.....12
coca-cola.....10

bocadillo de jamón..30
bocadillo de queso...20
bocadillo de tortilla..25

té con limón...15
chocolate.....15
churros.......7
pan...........3
pan tostado...5
mermelada.....8
mantequilla...8
```

* Los precios cambian...
En 1984 un café expreso o una limonada cuestan unas
35 pesetas; un bocadillo de jamón, unas 100 pesetas...

El desayuno

Las chicas toman café con leche y pan con mermelada. El chico toma una taza de chocolate con churros.

Cristina (la chica rubia)
5   ¿Siempre desayunas en el bar?
Pablo   Sí, siempre.
          No desayuno nunca en casa.
Antonia   Nosotras casi siempre
          desayunamos aquí. Es barato y práctico.
10 Pablo ¿Y siempre tomáis café?
Antonia   A veces tomo una taza de té con limón
          y una tostada.
Cristina Yo también tomo té a veces,
          pero me gusta más el café.
15 Pablo Yo generalmente desayuno chocolate.
          A veces con churros y a veces
          con pan y mantequilla.

Empiezo a las nueve

Antonia   Es tarde. ¿Vamos, Cristina?
Cristina Sí, vamos. Pablo, ¿a qué hora empiezas tú
20   en el instituto?
Pablo   A las nueve. Y vosotras, ¿a qué hora empezáis
          en la oficina?
Antonia   A las ocho y media.
Pablo   ¿Trabajáis todo el día?
25 Cristina No, la oficina cierra a la una.
          Empezamos otra vez a las cuatro de la tarde.
          Y después cerramos a las ocho menos cuarto.
Antonia   Pero no terminamos hasta las ocho de la noche.
          ¡Camarero! ¿Cuánto es?
30 Camarero A ver, un café con leche son 12 pesetas
          y un pan con mermelada son 11 pesetas.
          Son 23 pesetas cada una, 46 en total.
Antonia   Tenga 50, con la propina.
Camarero Muchas gracias, señorita.
35 Antonia De nada.

11 Un jersey azul

A la una y cuarto las chicas van a casa a almorzar.

Antonia Mira, allí hay una tienda nueva.
Cristina Voy a mirar si encuentro un
5 jersey barato.

Las chicas miran el escaparate.

Cristina ¿Te gusta este jersey azul?
Antonia Sí, es muy bonito.

Entran en la tienda.

10 *Antonia* ¡Buenos días! ¿Cuánto cuesta aquel jersey azul?
La dependienta Ochocientas pesetas.
Antonia ¿Y el jersey rojo?
La dependienta Cuesta seiscientas pesetas.
15 *Cristina* ¿Tiene una falda del mismo color … o amarilla?
La dependienta No sé, señorita. Pregunte allí, a la derecha. Allí están las faldas y las blusas.

12 Una llamada telefónica

El señor García está en un bar con un amigo. Desea llamar a casa. Pregunta al barman:

– ¿Puedo llamar por teléfono, por favor?
– Sí, claro. ¿Tiene usted monedas de cinco
5 pesetas?
– Sí, aquí tengo un duro.

El teléfono está encima de la barra.
El señor García marca el número de su casa:
2 76 84 62.

10 Contesta Felisa, la criada:

Felisa ¿Dígame?
El señor Hola, Felisa. ¿Está la señora?
Felisa Sí, un momento, por favor.
La señora ¡Hola, Jaime! ¿Estás en la oficina?
15 *El señor* No, estoy en un bar con un amigo. Hoy no almuerzo en casa. Almorzamos aquí en el bar.
La señora Muy bien. ¿Estáis lejos de la Casa Barata?
20 *El señor* No, estamos en las Ramblas.
La señora Estupendo. Oye, Jaime, en la Casa Barata hay rebajas esta semana y los niños necesitan calcetines …
El señor Bueno, muy bien … A ver si encuentro
25 calcetines baratos. ¡Hasta luego!
La señora ¡Hasta luego!

¡Grandes rebajas esta semana!

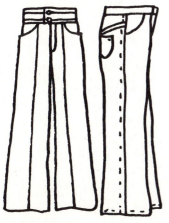

PARA NIÑO

pantalones	desde **160.—**	ptas.
calcetines	desde **40.—**	ptas.
camisas	desde **155.—**	ptas.
tejanos	desde **160.—**	ptas.

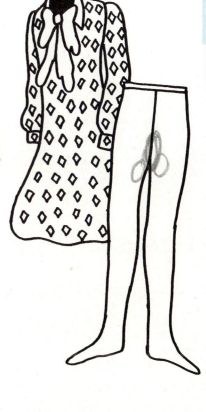

PARA NIÑA

faldas	desde **190.—**	ptas.
pantalones	desde **200.—**	ptas.
abrigos	desde **650.—**	ptas.
vestidos	desde **490.—**	ptas.

PARA CABALLERO

corbatas	desde **75.—**	ptas.
abrigos	desde **690.—**	ptas.
pantalones	desde **290.—**	ptas.
camisas	desde **98.—**	ptas.
jerseys	desde **390.—**	ptas.
trajes	desde **995.—**	ptas.
chaqueta	(sport) **725.—**	ptas.

No cerramos a mediodía

PARA SEÑORA

vestidos	desde **190.—**	ptas.
blusas	desde **170.—**	ptas.
faldas	desde **165.—**	ptas.
abrigos	desde **990.—**	ptas.
leotardos	desde **120.—**	ptas.

* Los precios cambian…
  Unos pantalones para niño cuestan en 1984 unas 500 pesetas.
  Un abrigo de caballero o un vestido de señora, unas 5.000 pesetas…

13 Viajantes

A mediodía

Ramón Martí es viajante. Tiene 33 años.
Trabaja para una empresa textil de Barcelona.
Vende ropa a tiendas y almacenes en el sur de
España. Por eso viaja mucho.
Hoy está en Santa Fe, un pueblo cerca de
Granada. Pasea por la calle Isabel la Católica.
Lleva un traje negro. Tiene sed. También tiene
hambre.
¿Qué hace? Entra en un bar. Desea comer y
beber algo.
En una mesa pequeña hay dos chicos que
comen un bocadillo. En una mesa grande hay un
señor que lee La Vanguardia. Es Juan Moliner.
Tiene 35 años y es un buen amigo del señor
Martí. También es barcelonés. Y también
vende ropa. Pero no trabaja para la misma
empresa que él.

Ramón ¡Hola, Juan! ¿Qué tal? ¿No estás en Barcelona?
Juan ¡Hola, Ramón! Estamos aquí unos días Carmen y yo. Ella está en el hotel.
Ramón ¿Y los niños?
Juan Ellos están con los abuelos en Barcelona.
Ramón ¿En qué hotel estáis?
Juan En el Gran Hotel Santa Fe. ¿Y tú?
Ramón Estoy en la pensión Victoria. Está aquí al lado.
Juan ¿Comes en la pensión?
Ramón Sí. Y vosotros, ¿dónde coméis?
Juan Comemos en un restaurante cerca del hotel. Es bueno y no es muy caro. ¿No quieres tomar algo?
Ramón Sí. ¡Camarero! ¡Oiga!
El camarero ¡Diga, señor!
Ramón Déme una cerveza grande, por favor. Y algo para comer.
El camarero ¿Quiere usted un bocadillo?
Ramón Sí, déme un bocadillo de queso, por favor.
El camarero Muy bien. ¿Quiere algo más?
Ramón No, no quiero nada más. Está bien, gracias.

Por la tarde

Ramón está solo en Santa Fe. Desea hablar con su mujer en Barcelona. Busca una cabina telefónica y marca primero el indicador de Barcelona: 93, y luego el número de su casa:
5   2 50 22 73.

Marisa	¡Dígame!
Ramón	¡Hola, Marisa! Soy yo, Ramón.
Marisa	¡Ramón! ¿Qué tal? ¿Ya estás en Barcelona? ¿Cuándo…?
Ramón	No, mujer. Estoy en Santa Fe, cerca de Granada.
Marisa	¿Has trabajado mucho?
Ramón	Sí, pero he ganado poco.
Marisa	¿Estás en un hotel?
Ramón	No. He encontrado una pensión barata, cerca de la estación. Pedro Solar también tiene una habitación allí.
Marisa	¿Solar? No sé quién es.
Ramón	Un antiguo compañero. Ya hemos hablado de él. Pero ya no trabaja en la empresa. Ha buscado trabajo aquí en Santa Fe, pero no ha encontrado nada todavía. Hemos almorzado juntos y…
Marisa	¿Has comprado algo para los niños?
Ramón	Todavía no. Quizás mañana.
Marisa	¿Has llamado a tu madre? Hoy es su cumpleaños.
Ramón	¡Qué cabeza! Gracias, Marisa, llamo en seguida. Oye, ya no tengo monedas. Besos a los niños. Bueno, hasta el domingo. ¡Adiós!

* **LISTA DE HOTELES**

NOMBRE	DIRECCIÓN	CATEGORIA	PRECIOS				
			Habitación		Comedor		
			sencilla	doble	desayuno	almuerzo	cena
Hotel Colón	Plaza Fernando	***	180	240	45	90	140
Pensión Victoria	Calle San José 18	***	no hay	275	las comidas están incluidas		–
Gran Hotel Santa Fe	Calle Lorca 13	**	155	250	35	80	115
Residencia España	Calle de Madrid 34	**	125	195	las comidas están incluidas		–
Pensión El Dólar	Avenida de América 8	*	85	110	25	65	85

*** = primera categoría
** = segunda categoría
* = tercera categoría

* Los precios cambian … Un desayuno en un hotel cuesta en 1984 entre 100 y 300 pesetas; una cena, entre 400 y 1000 pesetas; una habitación doble en un hotel de segunda categoría, entre 1000 y 2500 pesetas …

14 Hacer la compra...

Algo diferente

Los señores Cornello viven con sus hijas Luisa y
Emilia en un edificio moderno en el centro de
Madrid. Los padres van a volver hoy por la tarde
de Valencia. Luisa y Emilia van a preparar la comida.
5 *Emilia* ¿Qué comida hacemos hoy?
  Luisa Bistec con patatas fritas, como siempre.
  Emilia No, vamos a hacer algo diferente.
    ¿Hacemos una paella?
  Luisa Bueno, si quieres ... Pero yo no sé
10   hacer paella.
  Emilia Yo tampoco sé cocinar, pero sé leer.
    ¿Dónde está el libro de cocina?

Las dos hermanas empiezan a trabajar.
  Luisa apunta en un papel todo lo que hay que
15 comprar: un pollo grande, medio kilo de gambas
y un limón.
  Además van a comprar pan, dos botellas de
vino tinto y fruta para el postre: naranjas, uvas
y plátanos. Para el postre también van a preparar
20 un flan.

Paella

Ingredientes	Cantidad
pollo	uno
arroz	4 tazas de café
gambas o cigalas	medio kilo
tomates	un cuarto de kilo
cebollas	dos
pimiento	uno
limón	uno
azafrán	un gramo
sal, aceite y jerez	

De compras

Luisa y Emilia bajan al supermercado que está en la planta baja de su misma casa. Luisa pone en el carrito lo que necesita: un pollo grande, dos botellas de vino, un sobrecito de azafrán y
5 una barra de pan inglés. Emilia toma una canastilla. Ella compra la fruta.
 Las dos hermanas pasan por la caja y pagan. La cajera pone la comida en una bolsa de plástico y las chicas salen del supermercado.
10 Emilia va a casa con la compra y Luisa toma un microbús para ir al mercado. Quiere comprar las gambas allí.

En el puesto de pescado

Dependienta ¿Qué desea, señorita?
Luisa Gambas. ¿A cuánto están?
15 *Dependienta* A 800 el kilo. Acaban de llegar de la costa. ¿Cuántas desea?
Luisa Póngame medio kilo, por favor.
Dependienta Tenga. ¿Desea algo más?
Luisa No, gracias, no quiero nada más, está
20 bien.

15 ...Y comer

En la cocina

Emilia ¿Ya estás aquí? ¿Has venido en taxi?
Luisa No, me ha traído Andrés. ¿Sabes que ha cambiado de coche? Ha vendido el Seat y ha comprado un Renault.
5 *Emilia* ¿Hemos traído todo?
Luisa Creo que sí: el pollo, la fruta, el pan y el vino.
Emilia ¿Y el limón? ¿No hemos comprado limones?
10 *Luisa* No, pero creo que queda uno en la nevera.
Emilia ¿Cuánto han costado las gambas?
Luisa 400 pesetas.
Emilia ¡Qué caras! Bien, chica, los papás van a venir pronto. Tenemos prisa.
15 *Luisa* Ya tengo hambre. No he comido nada. Sólo he tomado un café esta mañana.
Emilia Bueno, si tú pones la mesa yo hago la paella.

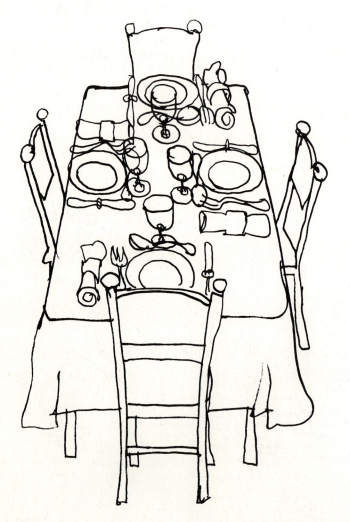

En el comedor

Emilia ¿Pones el mantel nuevo?
20 *Luisa* ¿Tú sabes dónde está?
Emilia Está en el cajón de la mesa del comedor.
Luisa ¿Y las servilletas?
Emilia Están también en el cajón.
Luisa ¿Hay vasos limpios?
25 *Emilia* Preguntas más que la policía, querida. Los vasos están en el lavaplatos.
Luisa ¿Qué platos pongo?
Emilia Los grandes están sucios. Puedes poner los pequeños.
30 *Luisa* Mira, este plato está roto.
Emilia Hay que poner otro, chica. Ahora tenemos prisa.

Cuando Luisa ha puesto en la mesa los vasos y platos, cuchillos, tenedores y cucharas, está
35 lista la paella.

A la mesa

Son las dos. Ya han vuelto los padres y todos están sentados a la mesa.

Madre Las chicas son unas cocineras extraordinarias.
5 *Padre* Sí, han hecho una paella muy rica. Me gusta muchísimo.
Emilia ¿No está un poco salada?
Luisa No, no. Está estupenda.

De sobremesa

Después de comer Luisa trae el café.

10 *Emilia* Mi café está muy dulce.
Luisa Claro que está dulce. Si he puesto azúcar. En esta taza no he puesto. Es para ti.
Madre ¿Ha habido correo? ¿Ha escrito vuestro
15   hermano?
Luisa Sí, ha llegado una carta. Pedro...
Madre ¿Habéis abierto la carta?
Emilia Sí. Pedro dice que va a venir mañana.
Padre Mira, ¡qué gris está el cielo!
20 *Emilia* Por la radio han dicho que va a llover por la tarde.

Suena el teléfono

Luisa ¡Dígame!
     – ¿Está Emilia?
Luisa ¿De parte de quién?
25   – De Mercedes Álvaro. ¿Puedo hablar con Emilia?
Luisa Sí, un momento... Emilia, es para ti.

Emilia va al teléfono.

Emilia ¡Diga!
30 *Merche* Hola. Soy Merche. La discoteca está cerrada hoy. ¿Vamos al cine? Ponen una película muy buena en el LUX.
Emilia ¿Qué película es?
Merche No sé, pero sé que es muy interesante,
35   es de Gutiérrez Aragón. ¿Quieres venir?
Emilia Sí, muy bien. ¿A qué hora?
Merche ¿Te parece bien a las ocho?
Emilia Sí. O un poco antes en la puerta del cine. ¿Vale?
40 *Merche* Sí, muy bien. ¡Hasta luego!

16 El tiempo

Hace buen tiempo.
Hace sol y hace calor.
Hace 35 grados a la sombra.

Hace frío.
Hace 2 grados sobre cero.

Hace mal tiempo.
Hace frío y hace viento.
Hace dos grados bajo cero.

A ¡Qué calor tengo!
B Sí, hace mucho calor.
A Ya es verano.
B Sí, estamos en junio.

* A ¿Le gusta este tiempo a usted?
  B No, no me gusta mucho. Hace demasiado calor.
  A ¿Vamos a tomar un helado?
  B Sí, vamos.

Dos postales

Santander, 30 de mayo de 1984

Querido Martín:

Antonio y yo estamos en Santander. Es una ciudad muy bonita. Estamos en el hotel Miramar. Es un buen hotel y podemos ver el mar desde la ventana de nuestra habitación.
 Hace mal tiempo. Llueve todo el día y hace mucho frío. El jueves queremos ir a San Sebastián. Y el sábado a Madrid.

Abrazos.
Elena y Antonio

Sr. D. Martín López
Calle de la Cruz 29
Sevilla

Madrid, 5 de junio de 1984

Querida Dolores:

Ahora estamos en Madrid. Es una ciudad enorme. Estamos en una buena pensión. La comida madrileña me gusta mucho. Es muy buena.
 Hace buen tiempo, pero hace un poco de aire. Pasado mañana queremos ir a Valencia. Pensamos pasar el martes allí.

Saludos.
Antonio (Elena está en el Museo del Prado.)

Srta. Dolores Villena
Avenida de la República
Sevilla

Los meses

enero	abril	julio	octubre
febrero	mayo	agosto	noviembre
marzo	junio	septiembre	diciembre

A ¿Qué fecha es hoy?
B Hoy es el uno de marzo.

A ¿Cuándo tienes vacaciones?
B Este año en mayo. ¿Y tú?
A Yo en agosto.

A A ver si adivinas cuándo es el día de mi santo...
B No sé... ¿En febrero?
A Más tarde...
B ¿En abril?
A Antes...
B ¿En marzo?
A Eso es. Mañana es el día de mi santo.

17 América Central

En América Central hay seis pequeños países: Guatemala, El Salvador, Honduras, Nicaragua, Costa Rica y Panamá. En todos ellos se habla español.
5 La influencia de Cuba en algunas naciones es grande. La dependencia de Estados Unidos es también muy importante.

En Guatemala no hay primavera

El clima de estas naciones no es como el de Europa. Los guatemaltecos, los hondureños,
10 los nicaragüenses no hablan de las cuatro estaciones del año como nosotros: la primavera, el verano, el otoño y el invierno.

En América Central, sobre todo en las costas, sólo hay dos estaciones. ¿Cuáles son?
15 El invierno y el verano. Desde diciembre hasta abril es verano (estación seca). ¿Qué tiempo hace entonces? Hace calor y generalmente no llueve. Desde mayo hasta noviembre es invierno. Es la estación
20 de las lluvias. Llueve mucho, pero no hace frío.

18 En la playa

El turismo es una fuente de divisas muy importante para España. En verano los extranjeros van a las costas del este y del sur, por ejemplo a la Costa Brava o a la Costa del Sol. En invierno van a las Islas Canarias. El 70% (por ciento) de los turistas que van a España son franceses, ingleses y alemanes.

❶
*A A mí también me gustaría ir de vacaciones…
B ¿Tú de vacaciones? ¿Adónde te gustaría ir?
A No sé…quizás a Noruega o a Finlandia…

❷
A Usted no es español, ¿verdad?
B No, soy sueco. Soy de Suecia.
A ¿Y su mujer también es sueca?
B No, ella no. Es inglesa.

❸
A ¿Habla usted español, señorita?
B Sí, un poco. Estudio español en Hamburgo.
A ¿Y su novio también habla español?
B No, él no. Pero entiende un poco.

19 El norte

En el norte de España generalmente no hace mucho calor en verano. La temperatura media de San Sebastián es de 18 grados en agosto. En Madrid, en el mismo mes, es de 24 grados.
5 Por eso muchos españoles, especialmente muchos madrileños, pasan sus vacaciones en la costa del norte. También van turistas extranjeros allí.

Esta parte de España se llama también "La
10 España verde", porque allí llueve mucho. En la costa cantábrica hay unos 40 días con sol al año y en Madrid unos 110.

En la costa hay mucha pesca, por ejemplo sardinas y atún. La conserva de pescado es la
15 principal industria de Galicia. Se exporta a muchos países. En Galicia unas 38 000 personas viven de la pesca.

¿Hay otras industrias en el norte? Sí, hay muchas industrias porque en Asturias hay minas
20 de carbón. Y el País Vasco es una región rica en hierro. En las minas de Asturias trabajan unos 40 000 mineros.

En La Rioja hay vino. El vino también se exporta a muchos países.
25 ¿Cuál es la principal ciudad del norte? Es Bilbao, que tiene un puerto importante.

La costa de San Sebastián.

En Galicia muchas personas viven de la pesca. También allí se hablan dos lenguas: el español y el gallego.

En el norte hay mucho vino, especialmente en La Rioja.

El País Vasco

En el País Vasco se hablan dos lenguas:
el castellano y el vasco.
¿Cómo se dice en vasco: hola – el día –
la tarde – la noche? Se dice: kaixo – egun –
5 arratsalde – gau. Trabajar es en vasco lan
egin; vino es ardo.

En Asturias hay muchos mineros que trabajan en las minas de carbón.

la temperatura media Durchschnittstemperatur
el español hier: der Spanier
especialmente vor allem
el madrileño der Madrider
extranjero hier: ausländisch
la parte Teil
la España verde das grüne Spanien
la costa cantábrica die Kantabrische Küste
unos 40 días ca. 40 Tage
la pesca hier: Fische
por ejemplo zum Beispiel
la sardina Sardine
el atún Thunfisch
la conserva de pescado Fischkonserve
la principal industria die wichtigste Industrie
se exporta man exportiert
treinta y ocho mil 38 000
la persona Person
viven de (sie) leben von
la mina Bergwerk
el carbón Kohle
el País Vasco Baskenland
la región die Region (Spanien ist heute in 17 „autonome Regionen" gegliedert)
rico en reich an
el hierro Eisen
el minero Bergmann
el puerto Hafen
¿Cómo se dice...? Wie heißt...?
el gallego Galicisch (Sprache)

35

20 Los chicos de Masnou

Masnou es un pueblo que está al norte de Barcelona.
Carlos y Luis viven en Masnou. Son hermanos. Carlos tiene 17 años y Luis 13. También tienen una hermana de 7 años. Se llama Beatriz.
Los tres van al colegio. Carlos termina este año, estudia COU. Su hermano ha terminado EGB y estudia primero de BUP. Beatriz está en segundo de EGB.
Carlos y Luis estudian el bachillerato en el mismo colegio. Es un colegio privado. Beatriz va a la escuela. Para ella la enseñanza es gratis excepto la matrícula.
Beatriz almuerza en el comedor de la escuela.
Sus hermanos van a casa a comer. ¿Qué hacen a mediodía cuando están en casa? Comen, estudian sus lecciones y miran la televisión.
Hoy es miércoles. Carlos y Luis están en el cuarto de estar. Esperan la comida. La tele está enchufada.

Luis Apaga la tele. Ese reportaje no me gusta.
Carlos A mí tampoco. Pero son casi las tres y en seguida empieza el telediario.
Luis ¿Tú quieres ver el telediario?
Carlos Sí. El profesor de historia ha dicho que debemos ver las noticias todos los días. En clase hablamos sobre los conflictos internacionales y la semana que viene tenemos la última evaluación.
Luis Yo este año voy bastante mal. Hemos hecho casi todas las evaluaciones y me han quedado dos asignaturas para recuperar.
Carlos ¿Sabes dónde están mis libros?
Luis ¿Tus libros? ¡Qué sé yo! Creo que están debajo de la cama.

Suena el teléfono

Carlos ¿Dígame?
Paco Hola, soy Paco. ¿Eres tú, Carlos?
Carlos Sí, soy yo. ¿Qué hay?
Paco ¿Vamos a la piscina esta tarde?
5 *Carlos* ¿Esta tarde? No puedo.
Paco ¿No puedes?
Carlos No, no puedo. Tengo examen de francés mañana.
Paco Bueno, entonces no podemos ir hoy.
10 ¡Qué lástima!

Primer día de clase

– ¿Carlos Martínez?
– Presente.
– ¿José Fuentes?
– Presente.
15 – ¿Carlos Fuentes?
– Presente.
– ¿Sois hermanos?
– No, señor, somos primos.
– ¿Federico Barrate?
20 – Está enfermo, señor. Está en casa.

(José dice a Carlos: Federico no está enfermo, está en la piscina.)

– ¿Alfredo Santini?
– Presente.
25 – ¿Eres italiano?
– No, señor, soy catalán, pero mi padre es italiano.
– ¿Gerardo Puerta?
– No está, señor.
30 – Profesor, por favor, ¿puedo ir al lavabo?
– Bueno, pero tienes que volver pronto.
– Sí, vuelvo en seguida.

El horario de Luis

Horas	Lunes	Martes	Miércoles	Jueves	Viernes
8'30-9'30	Lengua	Matemáticas	Ciencias	Lengua	Geografía
9'30-10'30	Ciencias	Gimnasia	Matemáticas	Ciencias	Matemáticas
10'30-11'00	Recreo	Recreo	Recreo	Recreo	Recreo
11'00-12'00	Música	Francés	Lengua	Francés	Dibujo
12'00-13'00	Dibujo	Religión	Geografía	Religión	Gimnasia
16'00-17'00	Geografía	Lengua	Dibujo		Matemáticas
17'00-18'00	Gimnasia	Ciencias	Francés		Música

Luis tiene seis horas de clase cuatro días de la semana: el lunes, el martes, el miércoles y el
35 viernes. Cuatro horas por la mañana y dos por la tarde. Los jueves no tiene clase por la tarde. Es su tarde libre. Y el sábado tampoco tiene clase.

21 Un pescador

A ¿A qué hora va usted al trabajo?
B A las once de la noche.
A ¿A las once de la noche?
B Sí, soy pescador.
A ¿Y cuándo se acuesta usted entonces?
B Vuelvo a casa a las ocho de la mañana. Entonces me acuesto.
A ¿Se levanta por la tarde?
B Sí, generalmente me levanto a las dos y media. Pero ya me despierto a eso de las dos.

Álvaro Conqueiro

Álvaro Conqueiro es pescador. Vive en La Guardia, un pueblo pequeño en Galicia. Está al sur de Vigo y cerca de la frontera portuguesa. Su mujer se llama Dolores y trabaja en el mercado del pueblo. Su hijo Eulogio es también pescador. La mayoría de los habitantes de La Guardia viven de la pesca.

El padre y el hijo tienen una barca que se llama "Libertad". No es muy grande.
Álvaro y su hijo están cenando en casa. Dolores está preparando unos bocadillos.

Álvaro ¿Qué hora es?
Dolores Son las nueve menos diez. ¿A qué hora os vais hoy?
Eulogio Nos vamos dentro de unos minutos.
Dolores Cuidado, ¡eh! Hace mucho viento esta noche.

El marido y el hijo se levantan de la mesa, toman un bolso con los bocadillos y salen de casa. Son las nueve de la noche. Van al puerto. Allí se encuentran con otros pescadores.

A las nueve y media salen del puerto. Se quedan en el mar toda la noche.

A las cinco de la mañana vuelven al puerto. Ponen las cajas con sardinas y gambas en una camioneta. Después, a eso de las seis, van al mercado que está en la plaza. Allí está Dolores.

Ella vende parte de la pesca en el mercado.
Álvaro y Eulogio llevan el resto de la pesca a una fábrica de conservas. En esta fábrica trabajan muchas de las mujeres de los pescadores.
A las ocho Álvaro y su hijo vuelven a casa. Desayunan y se acuestan. Se despiertan a las dos de la tarde. Se levantan. Se afeitan y se lavan. Después van otra vez al mercado. Allí almuerzan con Dolores en el bar del señor Silva.

Galicia

Galicia es una de las 17 "regiones autónomas" de España. Aquí se habla también gallego, un idioma semejante al portugués. Para una persona que habla español el gallego no es difícil.
¿Cómo se dice en gallego comer – llover – trabajar? Se dice xantar – chover – traballar. Vino es viño, noche es noite.

22 El centro

En el centro de España está la Meseta que ocupa el 50% (por ciento) del país. Allí llueve poco. En invierno, a veces, hace 10 grados bajo cero y en verano 35 sobre cero.

5 En el centro del país no hay tanta población como en las costas. La gente trabaja principalmente en el campo. En Castilla la Nueva se cultivan trigo, olivos y viñas.

Muchos campesinos no tienen tierra y como
10 hay poca industria emigran a centros industriales, por ejemplo a Madrid o a Barcelona.

Madrid, capital de España, tiene más de tres millones de habitantes con sus barrios satélites. La ciudad está situada en la Meseta, a unos 600
15 metros de altura.

En Madrid están todos los ministerios y las principales oficinas del Estado. También hay industrias.

Por esto hay muchos emigrantes que buscan
20 trabajo en Madrid. Son sobre todo del sur y del oeste del país, de Andalucía y de Extremadura. No todos los inmigrantes encuentran trabajo.

En España hay varias centrales nucleares. La central de Zorita (Guadalajara) es una de las más antiguas de España.

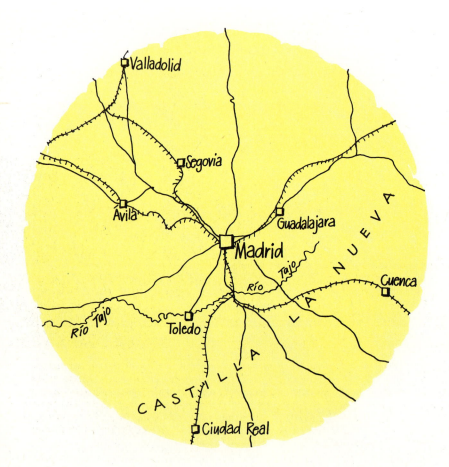

el centro Zentrum
la Meseta Hochebene
ocupar hier: einnehmen
% (por ciento) Prozent
el país Land, Nation
tanto ... como soviel ... wie
la población Bevölkerung
la gente (sing.) Leute
principalmente hauptsächlich
en el campo hier: auf dem Feld
se cultivan ... man baut ... an
el trigo Weizen
el olivo Olivenbaum
la viña Weinberg, Weingarten
el campesino Bauer
la tierra hier: Land
como hier: weil, da
emigrar auswandern
el centro industrial hier: Industriegebiet
la capital Hauptstadt
más de mehr als
el millón Million
el barrio Stadtteil
el barrio satélite Trabantenstadt
está situada a unos 600 metros de altura
 liegt etwa 600 m hoch
la altura die Höhe
todos alle
el ministerio Ministerium
el Estado Staat
la oficina del Estado Behörde
por esto deswegen
el emigrante Auswanderer
sobre todo vor allem
el inmigrante Einwanderer
varias verschiedene
la central nuclear Atomkraftwerk
la más antiguas die ältesten

40

Madrid

En Madrid hay casas modernas que son muy altas.
Los edificios más altos están en el centro de la ciudad, junto a la "Gran Vía".
El edificio más alto es la "Torre de Madrid", a la izquierda en la foto, junto a la Plaza de España. A la derecha está el "Edificio España".
En la foto vemos también el monumento a Cervantes. Delante del monumento están Don Quijote y Sancho Panza.

Como en otras ciudades, en Madrid el tráfico es un gran problema.
En las calles hay muchísimos coches, autobuses y motos.
La contaminación del aire es un problema muy grave. Aquí, en el centro, el aire es peor que en las afueras.
En la foto vemos la Plaza de la Cibeles. Está en el centro de la ciudad.
Al fondo está la Puerta de Alcalá.

El parque más grande de Madrid es el Parque del Retiro.
Está en el centro. En la foto hay unos soldados junto al estanque, un pequeño lago artificial con barcas.
Al fondo está el monumento a Alfonso XII. Aquí, en el parque, el aire es mejor que en otras partes de la ciudad.

El Museo del Prado es uno de los museos de arte más importantes de Europa. Allí hay más de 3.000 cuadros. Uno de los cuadros más conocidos es "La Maja Desnuda", de Goya.
En la foto, a la derecha, vemos el cuadro de Goya. En el centro un guía explica a unos turistas quién es Goya. En el Museo del Prado hay también muchos cuadros de El Greco y Velázquez.

En el rastro

Un señor	¿Cuánto vale el reloj?
El vendedor	600.
El señor	Es muy caro.
El vendedor	Es un buen reloj.
El señor	Es un reloj viejo.
El vendedor	¿Cuánto me da?
El señor	¿Por ese reloj? Le doy 400.
El vendedor	500, señor.
El señor	450, ¿vale?
El vendedor	¡Vale! Tome usted.

23 La señora Carmen Pérez de González

5°. Izda. Ramón Menéndez Solís *médico*
5°. Dcha. José Pérez Delgado *dentista*
4°. Izda. Alfonso Alvarado Ortega *abogado*
4°. Dcha. Pensión Arcos
3°. Izda. Jesús Colmayo Roca
3°. Dcha. Fernando González Reyes
2°. Izda. Esmeralda Gómez Sainz
2°. Dcha. Juan López Serrano
1°. Izda. Manuel Pérez González
1°. Dcha. José Antonio Argons Moreno

El señor y la señora de González viven en Madrid, en un barrio antiguo. Ahora vuelven a casa. En la portería está la portera.

Fernando González ¿Hay algo para nosotros
5 en el correo de hoy?
La portera Para usted, señor, no hay nada. Pero aquí tengo una postal para su mujer. Es de Málaga. ¡Qué sello más bonito tiene!
10 *Carmen Pérez de G.* Gracias... Ah, pero no es para mí. Aquí pone Carmen González de Pérez. Ella vive en el primer piso. Nosotros vivimos en el tercero.

* Entra un mozo de los almacenes Galerías
15 Preciados. Lleva un paquete enorme. Es una bicicleta para un hijo de la señora de Alvarado.

El mozo ¡Buenos días! ¿En qué piso vive la señora de Alvarado, por favor?
La portera En el cuarto, izquierda.
20 *El mozo* ¿Dónde está el ascensor?
La portera Allí, a la derecha, pero no funciona. Puede dejar el paquete aquí.
El mozo No, gracias, subo a pie. No es
25 la primera vez.

24 El periodista

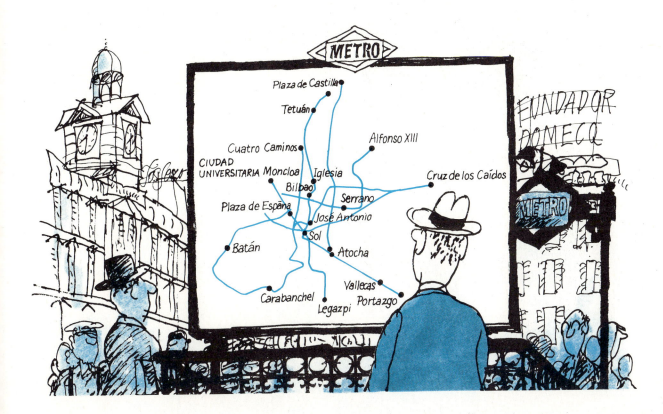

Benito Sánchez es periodista. Escribe artículos sobre literatura en periódicos y revistas. Vive en Madrid, en un barrio moderno.
Tiene 35 años. Está casado. Su mujer tiene 29.
5 Tienen tres hijos, dos hijas y un hijo. La hija mayor tiene 9 años y la menor 5. El chico tiene 7 años.
　Benito no gana mucho dinero con sus artículos. No puede vivir con el dinero que
10 recibe de los periódicos. Por eso tiene que trabajar también como profesor en una academia de noche. Da clases de francés.
　La academia se llama San Bernardo y tiene cursos de C.O.U. Está cerca de la Ciudad
15 Universitaria. Benito da clases allí el lunes y el miércoles por la noche.
　Hoy es miércoles y va a la academia. Son las siete de la tarde. Toma el metro en Vallecas. En la próxima estación sube al metro su amigo
20 Juan. Juan es profesor de historia.

Benito ¡Hola, Juan! ¿Adónde vas?
Juan A la Gran Vía, al club, ¿y tú?
Benito Voy a la academia.
Juan ¿A la academia? ¿Trabajas en
25　　　una academia?
Benito Sí, doy clases de francés.
Juan ¿Ya no escribes artículos?
Benito Sí, pero ya sabes que el colegio de los niños cuesta mucho dinero.
30 *Juan* Bueno, ya llegamos a Sol.

Benito Yo salgo aquí. Hago transbordo.
Juan ¿Qué línea tomas?
Benito La de Moncloa.
Juan Yo bajo en José Antonio. ¿Vivís
35　　　todavía en casa de tus padres?
Benito No, ya no. Vivimos en Vallecas. Acabamos de comprar un piso allí. ¿Por qué no vienes a casa un día?
Juan Sí, muy bien. ¿Me das tu número
40　　　de teléfono?
Benito Es el 2 28 35 87.

En el aeropuerto de Barajas

A ¿De dónde viene usted?
B Vengo de Colombia. Acabo de llegar.
A ¿Es usted colombiano?
B No, soy peruano.

25 El tren no llega

Doña Eusebia y su marido don Tomás están en la estación de ferrocarril de un pequeño pueblo castellano. Están esperando el tren para Guadalajara. Están solos en el andén. Pero el tren no viene.

Ella está escribiendo una postal. Él está leyendo un periódico. Esperan el tren un domingo de agosto. Hace mucho calor. Hace casi 50 grados al sol. En el andén no hay sombra. Los dos están sudando.

Tomás   Eusebia, ¿qué estás haciendo?
Eusebia   Estoy mirando el horario.
         ¿Qué hora es?
Tomás   Son las tres y veinte. Pero el reloj de la estación marca las tres en punto.
Eusebia   Hay un tren para Guadalajara a las tres y media.
Tomás   *(Mira a su mujer)* ¡A las tres y media! ¡Estamos esperando el tren de las dos y media!

Pasa media hora. Doña Eusebia mira a su marido. Este mira su reloj.

Eusebia   ¿Qué hora es?
Tomás   Son las cuatro. No lo comprendo. ¿Qué estás haciendo?
Eusebia   Estoy mirando el horario. Hay otro tren para Guadalajara a las cuatro.

Pasa otra media hora. Doña Eusebia saca un bocadillo y una botella de agua mineral. Tiene hambre y sed. Y empieza a tener sueño.

Eusebia   ¿Qué estás haciendo, Tomasito?
Tomás   Estoy mirando el horario otra vez. Aquí abajo veo una nota. A ver. En la nota pone que los domingos a estas horas no pasa el tren. Sólo hay uno a las dos menos cuarto y otro a las cinco y cuarto.

Doña Eusebia y su marido vuelven a casa. Ya no tienen ganas de ir a Guadalajara.

26 Una familia nerviosa

En otro tren va la familia García. La señora Ana García, su marido Ignacio y sus cinco hijos. Van a Madrid para visitar a la tía Josefa, una hermana de Ignacio.

En el andén hay mucha gente y delante de la taquilla hay un grupo de curas que están sacando billetes. En un banco un señor está leyendo el periódico. Y junto a la puerta una mujer está vendiendo agua a los viajeros.

Es la primera vez que los García viajan en tren y están un poco nerviosos.

Padre Pero mujer, ¿llevas el vestido amarillo para el viaje?
Madre Lo llevo porque me gusta y además no tengo otro. ¿Dónde están Alfonso y Carmen? No los veo.
Padre Allí está Alfonso. ¿No lo ves?
Madre Ahora sí. ¿Y ves a Carmencita?
Padre Allí, junto a la puerta.
Madre ¿Quién tiene los billetes?
Niño Los tiene papá.
Padre Yo no los tengo, los tienes tú, Ana.
Madre ¡Ah! ¡Sí! ¡Aquí están!

La madre saca los billetes de su bolso.

Madre Pero ¿dónde están las llaves de casa? No las encuentro. ¿Quién las tiene?
Padre Las tengo yo. ¿Para qué las quieres? ¿Las necesitas ahora?
Madre No, no … Sólo pregunto.
Niño Tengo hambre, mamá. ¿Me das un bocadillo?
Madre ¿Tienes hambre otra vez? Si acabamos de comer. La comida está en la maleta negra. ¿Quién tiene la llave?
Padre La tengo yo.

* El padre abre la maleta negra, saca un bocadillo de mortadela y lo da al chico.

Niño No, no lo quiero. La mortadela no me gusta.
Madre ¿Te gusta más el jamón?
Niño Sí, mamá.
Madre ¡Toma! Aquí tienes uno de jamón.

27 El piso nuevo

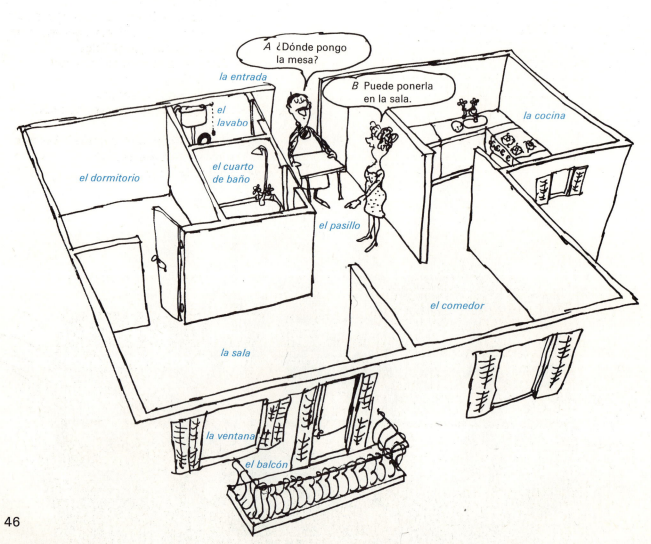

28 En la agencia de viajes

En Bilbao

Entra la señorita María de Aizguirre. Es una chica alta y delgada, de unos 25 años. Es rubia y tiene los ojos verdes. Lleva un bolso negro grande y una maleta pequeña. Quiere ir a Málaga.

5 *María* Buenos días. Tengo que estar en Málaga esta tarde. ¿Puedo ir en avión?
El empleado Sí, señorita. Hay un avión que sale a las doce y media.
Llega a Madrid a la una y cuarto.
10 Allí tiene que hacer transbordo.
El avión sale de Madrid-Barajas a las cuatro menos cuarto y llega a Málaga a las cuatro y treinta y cinco.
María ¿Cuánto vale el pasaje?
15 *El empleado* ¿Ida y vuelta?
María No, sólo ida.
El empleado De Bilbao a Madrid son 7 170 pesetas. De Madrid a Málaga son 7 755 pesetas. En total son … 14 925 pesetas. Pero
20 aquí en la agencia no podemos vender pasajes para hoy. Tiene que comprarlo en el aeropuerto.

BILBAO — MADRID — MÁLAGA		
BILBAO	12,30	
MADRID	13,15	15,45
MÁLAGA		16,35

En Valencia

Entran un señor y una señora.

El señor ¿Cómo podemos ir a Masnou?
25 *El empleado* ¿A Masnou? ¿Dónde está?
El señor Está a unos 15 kilómetros al norte de Barcelona.
El empleado (mira en su guía) Bueno, tienen que tomar primero el tren hasta
30 Barcelona.
Allí tienen que cambiar de tren.
¿Quieren ir por la mañana o por la tarde?
El señor Por la tarde.
35 *El empleado* El Talgo sale de Valencia a las tres menos cuarto y llega a las siete y media a la Estación de Francia, en Barcelona.

Estación	Talgo 1—2	Exp 1—2
Valencia	14.45	23.25
Barcelona	19.30	7.45

El señor ¿Hay más trenes?
40 *El empleado* Bueno, tenemos el nocturno de las once y veinticinco. Lleva coches-cama. Es más barato que el Talgo.
La señora Pero el Talgo es más cómodo, ¿verdad?
45 *El empleado* Tiene razón, señora.
El señor Bueno, déme dos de segunda para el Talgo.
El empleado ¿Para cuándo los desea? Hay que sacar reserva de asiento.
50 *El señor* Para el 15 de julio.

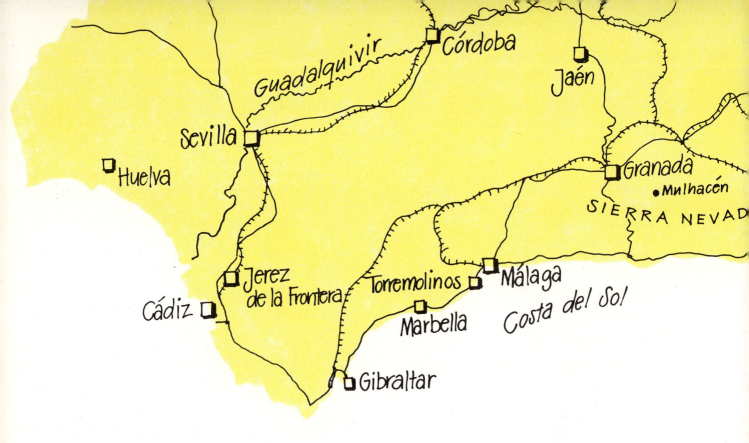

29 El sur

Andalucía

Andalucía está en el sur de España. En verano hace mucho calor. Llueve poco. En invierno la temperatura no es muy baja.
La principal ciudad de Andalucía es Sevilla.
5 Tiene medio millón de habitantes. En Andalucía está también una de las ciudades más antiguas de Europa: Cádiz.
En Andalucía la tierra es pobre o está mal repartida. Hay muchos latifundios. El 2 % de
10 la población posee el 30 % de la tierra. En el campo se cultivan olivos, viñas y trigo. Se produce aceite de oliva y hay importantes industrias de vinos y licores. En Jerez de la Frontera se produce el famoso jerez. Los
15 andaluces exportan aceite de oliva, vinos y licores.
Hay mucha gente que trabaja en los centros turísticos. En las playas de Torremolinos y Marbella – en la Costa del Sol – hay turistas
20 la mayor parte del año.
Pero hay también mucha gente que no tiene trabajo o que sólo tiene trabajo una parte del año y gana muy poco dinero. Por esto muchos andaluces han emigrado. Han ido a otras
25 regiones de España o al extranjero, a países como por ejemplo Francia, Suiza, Alemania Occidental e Inglaterra.
Allí trabajan sobre todo en fábricas, en hoteles, en restaurantes o en el campo.
30 Muchos se quedan varios años en el extranjero.

Muchos emigrantes envían dinero a su familia. Otros ahorran dinero para, más tarde, poner un bar, una gasolinera o comprar un piso en España.
35 Ahora es muy difícil emigrar al extranjero.

Edificos modernos en Torremolinos, Aquí hay turistas la mayor parte del año.

Gibraltar, Ceuta y Melilla

Además de las 17 Comunidades Autónomas, dos ciudades en el norte de África pertenecen a España desde 1668: Ceuta y Melilla. Pero en Marruecos se piensa que estas dos ciudades
5 no son españolas sino marroquíes.
   Ceuta y Melilla tienen, como Andalucía, un clima agradable y viven principalmente del comercio y del turismo (más de un millón de turistas al año).
10 En el sur de la península está Gibraltar, colonia inglesa desde 1713. Gibraltar tiene unos 25.000 habitantes, que quieren ser ingleses, pero los españoles piensan que Gibraltar es una parte de España.

Un grupo de emigrantes andaluces está esperando el tren.

bajo niedrig
la ciudad principal die wichtigste Stadt
medio millón eine halbe Million
la tierra hier: der Boden
ser pobre hier: unfruchtbar sein
estar mal repartido schlecht verteilt sein
el latifundio Großgrundbesitz
la población Bevölkerung
poseer besitzen
en el campo auf dem Land
se produce aceite de oliva man stellt Olivenöl her
la industria Industrie
el licor Likör
famoso berühmt
el jerez Sherrywein
los andaluces die Andalusier
el centro turístico Touristenzentrum

la mayor parte der größte Teil
por esto deswegen
el extranjero hier: Ausland
sobre todo vor allem
Suiza Schweiz
Alemania Occidental Bundesrepublik Deutschland
e und (vor Wörtern, die mit *i-* oder *hi-* beginnen)
Inglaterra England
varios hier: einige
enviar schicken
ahorrar sparen
poner un bar ein Restaurant eröffnen
la gasolinera Tankstelle
además de außer
pertenecer gehören
Marruecos Marokko
marroquí marokkanisch
el clima das Klima
agradable angenehm
el comercio der Handel
la península die Halbinsel
la colonia die Kolonie

49

30 Un campesino andaluz

Tomás López es un campesino andaluz. Tiene treinta años y es soltero. Vive en Jaén, en el interior de Andalucía. Todos los años, cuando llega el mes de abril, va al sur de Francia con unos amigos. Allí trabajan unos meses en el campo. Plantan arroz.

Hoy es el dos de abril. Tomás está en el bar de la estación. Son las nueve de la mañana. Está esperando el tren de las nueve y media para Madrid. Su equipaje, una maleta y un bolso, está delante de la barra. Al lado de la barra hay un perro. Cerca de la puerta hay unos señores. Están jugando al dominó. En el andén está el jefe de estación.

Tomás toma una copita de jerez mientras espera a sus amigos Vicente y Luis. Mira hacia la puerta. Ve a su primo Rafael que acaba de entrar.

Rafael ¡Hola, Tomás! ¿Adónde vas?
Tomás A Francia.
Rafael ¿Estás contento, eh?
Tomás Pues, sí, bastante. ¿Tú tienes trabajo ahora?
Rafael Sí, Pedro y yo trabajamos en la finca del marqués. ¿Conoces a Pedro, no? El hijo de la señora Galindo.
Tomás ¿A Pedro? Claro que lo conozco. ¿Y hoy vais a la finca?
Rafael Sí, pero más tarde. Y tú, ¿este año vas solo a Francia?
Tomás No, vamos Vicente, Luis y yo.
Rafael ¿Y José y su hermano?
Tomás No, ellos no van. Tienen que ir a la mili.
Rafael ¿A la mili?
Tomás Sí, y a África. Tienen que hacerla en Ceuta. Creo que van a ir en mayo. No me acuerdo de la fecha exacta. Bueno, allí vienen los otros...
...¡Adiós, Rafael!
Rafael ¡Adiós, Tomás! ¡Buen viaje!

31 En la aduana

El aduanero	¿Lleva algo que declarar, señor?
El viajero	No, no tengo nada.
El aduanero	¿Quiere abrir la maleta blanca, por favor?
5 *El viajero*	Esta maleta no es mía.
El aduanero	¿No es suya? ¿De quién es?
El viajero	No sé. No es mía. La mía está aquí.
El aduanero	¿Y este bolso?
El viajero	Tampoco es mío.

En el cine

10 A Perdone. Ese asiento está ocupado. Es mío.
B No, señor, éste no es suyo.
A Pero si yo …
B Aquel asiento, allí a la izquierda, está libre.

32 Robo de un cuadro

PAMPLONA, jueves (Agencia Afe). Ayer, por la mañana, una joven de unos 25 años entró en el Museo de Arte Moderno de Pamplona y se llevó el famoso cuadro "Campo verde" del pintor catalán Miguel Villá.

La policía sabe que la joven fue en coche de Pamplona a Bilbao. Allí fue al aeropuerto y compró un pasaje para Málaga. Pagó el pasaje al contado (14 925 pesetas). Tomó el avión de las 12.30.

Llegó al aeropuerto de Barajas, en Madrid, a las 13.15. ¿Qué hizo allí? Cambió de avión y llegó a Málaga a las 16.35. La policía sabe también que la joven tomó un taxi en el aeropuerto de Málaga.

Esta tarde la policía va a hablar con el taxista que la llevó.

Diálogo

A ¡Qué cansado estoy!
B ¿Trabajaste hasta tarde ayer?
A Bastante. Empecé a las nueve y no terminé hasta las once de la noche.

33 Cartas

Hannover, 17 de septiembre de 19..

Queridos padres y hermanos:

Aquí ha llovido toda la semana y hace bastante frío. Ya llevamos ocho meses aquí. ¡Cómo pienso en España ahora! He leído en el periódico que en Málaga hace 26 grados. Aquí hace 7.

El mes pasado trabajé muchas horas extra en la fábrica y gané bastante dinero. Anteayer Carmen y yo nos compramos un coche. Es un coche de segunda mano y lo compramos a plazos. Estamos muy contentos. Y ya empezamos a acostumbrarnos a la comida de aquí. Y hemos encontrado una tienda donde venden comida española.

Ayer hablé por teléfono con el primo José. Ha arreglado ya los papeles para el pasaporte. Va a venir a Hannover la próxima semana. He encontrado un puesto para él en un taller mecánico. Me dijo que vosotros enviasteis mi ropa de invierno a Madrid, a su casa. Gracias. Si este invierno es como el último ... El año pasado hizo mucho frío aquí.

Mamá, ¿compraste los zapatos con el dinero que te envié? ¿Te van bien? No escribo más porque acaba de sonar la sirena de la fábrica y tengo que volver al trabajo.

Mil recuerdos a mis amigos del pueblo. Y un abrazo muy fuerte para vosotros y para toda la familia de vuestro hijo,

Carlos

Una carta del extranjero

Una carta al extranjero

Salo, 25 de septiembre de 19..

Querido hijo:

Muchísimas gracias por tu carta que llegó ayer. Nos causó mucha alegría. Aquí estamos bien a D.G. La semana pasada recibimos tu dinero. Tu madre se compró ayer los zapatos. Está muy contenta con ellos.

Ayer llovió mucho. Pero hoy hace buen tiempo.

La semana pasada los Pérez vendieron las tierras y se van a vivir a Sevilla. Los chicos van a trabajar en una fábrica de muebles. El padre va a poner un taller o una zapatería. Estuvimos con ellos el lunes. Comimos con ellos en el restaurante de la plaza. El señor Pérez habló mucho de Suiza. Ya sabes que él vivió y trabajó allí en 1960. Pero ahora es demasiado viejo para ir al extranjero, como tu madre y yo.

Hay mucha gente que me ha dado recuerdos para ti y Carmen. Tus hermanos envían abrazos muy fuertes para vosotros. ¡Alicia ya tiene novio! Es un chico que trabaja en el puerto. Es muy simpático.

Abrazos de tus padres que te quieren y besos para Carlitos,

Antonio

Diálogo 1

A ¿Has visto a Enrique?
B Sí, lo vi anteayer.
A ¿Dónde lo viste?
B En la Plaza de Sevilla.

Diálogo 2

A ¿Qué hiciste ayer?
B Fui a la playa con mi hermana. ¿Y tú?
A Me quedé en casa.

34 El este

En el este de España están Cataluña y Valencia. En estas regiones vive una cuarta parte de la población de España. En verano hay además muchos turistas.

Cataluña es una de las regiones más ricas de España. La principal industria es la textil. Entre las industrias mecánicas la fábrica SEAT, de Barcelona, es la más conocida.

En Cataluña hay muchos inmigrantes, sobre todo de Murcia y de Andalucía.

En Valencia la tierra es muy buena, pero llueve poco. Por esto los campesinos han construido sistemas de riego. Estos campos regados son las huertas.

La huerta más grande y más rica es la de Valencia. Allí se cultivan naranjas y limones que se exportan a otros países de Europa. España exporta, cada año, más de un millón de toneladas de naranjas, casi 300 000 toneladas de mandarinas y casi 100 000 toneladas de limones. La tierra da también cebollas, arroz, tomates y pimientos.

El catalán

En Cataluña, en Valencia y en las Islas Baleares se hablan dos lenguas: el castellano y el catalán. El valenciano y la lengua de las islas son dialectos del catalán. La mayoría de las palabras son iguales. Pero hay algunas que son diferentes.

¿Cómo se dice en catalán y en valenciano: patata – diecinueve – salir – tener? En catalán se dice patata – dinou – surtir – tenir. Y en valenciano: creïlla – deneu – eixir – tindre.

Los Caballé

Nuria y Vicente Caballé son campesinos. Tienen una finca pequeña cerca de Castellón de la Plana. Cultivan naranjas y limones. Ahora en febrero recogen cada día unos 50 kilos de naranjas. Por la tarde viene un camión para llevar la fruta a la ciudad.

El señor Caballé	¿Ha venido alguien a buscar las cajas?
La señora	No, todavía no ha venido nadie.
El señor	Entonces las llevo yo. Voy a buscar el tractor.

□ Gerona

□ Mataró

□ Barcelona

MENORCA

□ Palma
MALLORCA

IZA

BALEARES

una cuarta parte ein Viertel
la población Bevölkerung
se hablan man spricht
la industria mecánica Maschinenindustrie
conocido bekannt
la tierra hier: der Boden
construir bauen
el sistema de riego Bewässerungssystem
regado bewässert
la huerta Gemüse-, Obstgarten
la tonelada Tonne
la mandarina Mandarine
(el) valenciano Valencianisch
el dialecto der Dialekt
la patata die Kartoffel

La SEAT, de Barcelona, es una de las fábricas más importantes de España.

En Cataluña hay muchas industrias textiles.

En la huerta valenciana los campesinos han construido buenos sistemas de riego.

55

35 El ministro

Un chiste

Un ministro va a un pueblo y dice: "Señores y señoras, este año hemos hecho muchas cosas. En Valdetinto hemos construido la escuela más moderna del país. En Pereda hemos construido cinco escuelas para adultos. En Vallensana hemos construido una fábrica, una universidad y un hospital."

La gente aplaude mucho. El ministro está contento. Pero hay un señor que no aplaude.

El señor Señor ministro, yo he estado en Valdetinto y no he visto la escuela, he estado en Pereda y no he visto las cinco escuelas, y he estado en Vallensana y no he visto la fábrica, ni la universidad, ni el hospital. Por esto no aplaudo.

El señor se levanta y se dirige al público:

El señor ¿Alguno de vosotros ha estado en Pereda?
El público Sí, hemos estado allí.
El señor ¿Habéis visto las escuelas?
El público No, no las hemos visto.
El señor Mire, señor ministro, no las ha visto ninguno de nosotros.

El ministro entonces les da un consejo: "Señores, ustèdes deben viajar menos y deben mirar más la televisión."

36 En la comisaría

❶ Entra una joven.

La joven	Buenos días.
El policía	Buenos días, señorita. ¿En qué puedo servirle?
5 La joven	He perdido el bolso.
El policía	¿Cómo ha ocurrido?
La joven	Estaba en el cine Astoria. Salí. De repente, en la calle, me di cuenta de que no llevaba el bolso.
10 El policía	¿Cuándo pasó?
La joven	Hace media hora.
El policía	¿Qué había en el bolso?
La joven	Tenía mi carnet de identidad, mil pesetas, las llaves de casa…
15 El policía	Muy bien. Tiene que rellenar esta hoja y esperar allí un momento.

❷ Entra un señor.

El señor	¡Es terrible! Me han robado el coche.
20	Es la segunda vez.
El policía	¿Dónde estaba?
El señor	¿Yo?
El policía	No, el coche.
El señor	En el aparcamiento de la calle de
25	Cervantes. Ayer lo puse allí por la noche. Y esta mañana ya no estaba.
El policía	Muy bien. Ahora tiene usted que rellenar esta ficha y esperar allí un momento. A ver, la
30	señorita del bolso…

❸ Entran dos chicos con un cuadro.

Guillermo	Este cuadro lo hemos encontrado cerca del puerto. Nos han dicho que se le cayó a una mujer.
35 El policía	¿Cuándo pasó?
Guillermo	Hace un cuarto de hora.
El policía	¿Cómo era la mujer?
Guillermo	Hemos preguntado en el puerto. Y nos han dicho que era joven,
40	muy alta y delgada. Que tenía el pelo rubio y llevaba una maleta.
El policía	¿Cómo era la maleta?
Guillermo	No sé. Nosotros no hemos visto ni a la señora ni la maleta.
45 El policía	Claro, claro… Bueno, este cuadro desapareció en Pamplona la semana pasada.

37 Cartas al Director

Contaminación

Señor Director de DESTINO

Muy señor mío:

Soy camarero. Trabajo en una cafetería, en la calle de Córcega. Por la tarde hago un par de horas en la terraza del mismo café. No me gusta, porque por la calle pasan continuamente coches y autobuses. El aire no se puede respirar.

Antes, hace diez o quince años, en la calle de Córcega había muchos árboles y el aire estaba limpio porque no pasaban tantos coches.

Yo trabajaba todo el día en la terraza, por la mañana y por la tarde. Los clientes comían y leían tranquilamente. Los turistas escribían postales. Allí descansaban y estaban muy contentos. Se quedaban mucho tiempo. Y por la acera iba y venía mucha gente.

Ahora se quedan cinco minutos y se van. Se van porque los coches molestan mucho.

¿Qué hacen los responsables? ¿Por qué no solucionan este problema? Sé que el problema no es fácil pero debe haber alguna solución.

*Atentamente
Jesús Casares,
Camarero*

Correspondencia

Sr. Director:

Tengo 17 años y estudio español en el colegio. Me gustaría tener correspondencia con chicos españoles de mi edad. Me gusta la música (clásica y moderna) y el baile. Me gusta la natación. También me gusta el pin-pon, pero prefiero nadar. Un amigo me ha ayudado a escribir esta carta, pues no sé escribir español, pero mis amigos españoles pueden escribir en francés o en inglés.

*Jean-Louis Touron
15, Rue d'Espagne
Lyon, Francia*

38 Billetes y monedas

El Sr. Bernal y su esposa son franceses. Están
en el Banco Español de Crédito.

El Sr. Bernal ¿Me puede cambiar este cheque
de viaje de 20 dólares y también
estos cien francos en pesetas?
El empleado Muy bien, señor. Haga el favor de
firmar aquí, en el cheque. Fecha,
nombre y apellido.
El Sr. Bernal ¿A cuántos estamos?
El empleado A 26 de mayo, señor. ¿Lleva algún
documento de identidad?
El Sr. Bernal No, lo siento. No tengo ninguno. He
olvidado mi pasaporte en el hotel.
La Sra. Bernal Aquí tengo el mío.
El empleado Muchas gracias. Tenga su
número.

El empleado le devuelve el pasaporte a la
señora y le entrega un ticket al señor Bernal.
Van a la caja. El cajero les entrega el dinero
y un recibo.

El Sr. Bernal Por favor, ¿puede cambiarme este
billete de mil pesetas en monedas?
El cajero ¿Las quiere de cincuenta?
El Sr. Bernal Sí, por favor, y algunas de 25.

Diálogo 1

A ¿Dónde está el dinero?
B ¿Qué dinero? ¿Los marcos?
A Claro. ¿Los has olvidado?
B Estoy buscándolos, pero no los encuentro.
A Tienes que ir al hotel a
buscarlos.
B ¿Dónde está la llave de la
habitación?
A Aquí la tienes.

Diálogo 2

A ¿Has visto ya mi coche nuevo?
B No, todavía no lo he visto,
estoy deseando verlo. ¿Me lo enseñas?
A Vamos a mi casa, lo tengo en
el garaje.

CAMBIO - CHANGE - EXCHANGE - WECHSEL		
	Comprador	Vendedor
	Pesetas	Pesetas
1 Dólar USA	151,92	152,28
1 Franco francés	18,84	18,89
1 Libra esterlina	227,60	228,75
1 Franco suizo	70,28	70,61
100 Francos belgas	281,95	283,15
1 Marco alemán	57,35	57,59
100 Liras italianas	9,42	9,45
1 Florín holandés	50,97	51,17
1 Corona sueca	19,31	19,38
100 Chelines austríacos	809,80	814,33
100 Pesos mexicanos	104,30	106,40
100 Soles peruanos	21,84	22,10
1 Bolívar	12,07	12,10

El equipo de fútbol del Real Madrid está jugando contra un equipo latinoamericano. Los futbolistas madrileños llevan camiseta blanca y pantalones blancos. Los futbolistas latinoamericanos llevan camiseta de dos colores.

39 Deporte y tapas

Los señores Álvarez y sus hijos se sientan a una mesa, en una cafetería. El camarero no les presta mucha atención. Está mirando la televisión.
5 Sale a la terraza.

El Sr. Álvarez ¿Qué está mirando en la tele?
El camarero La vuelta a España, señor. Es la última etapa.
El Sr. Álvarez ¿Quién es el líder?
10 *El camarero* Ocaña. No sé si va a ganar. Está muy cansado ya.
El Sr. Álvarez ¿Usted es muy aficionado al ciclismo?
El camarero Sí, pero me gusta más el fútbol.
15 *El Sr. Álvarez* ¿Practica algún deporte?
El camarero No, señor, ya soy muy viejo para esas cosas. Pero mis hijos juegan al tenis. Y mi hijo mayor juega en el Madrid. Ha ganado la Copa...
20 *El Sr. Álvarez* ¡Caramba! ¡No está mal!... Bueno... *(a los niños)* ¿Qué vais a tomar? Os invito... Tráigame una cerveza bien fría para mí y un vermú para mi esposa.
25 *La Sra. Álvarez* No. Prefiero una copita de jerez.
El camarero Muy bien. ¿Y para los jóvenes?
El Sr. Álvarez ¿Queréis un helado, niños?
El niño ¡Sí! ¡Para mí uno de vainilla!
30 *El Sr. Álvarez* ¿Y para ti, Matilde?
La niña Una horchata.
El Sr. Álvarez Bueno, entonces un helado de vainilla para él y una horchata para ella y una ración de almendras y
35 aceitunas, por favor.
El camarero Muy bien, les traigo todo en seguida.

Pasan 10 minutos. El camarero les trae las bebidas, el helado y las tapas.

En el aparcamiento

Él ¿Vienes conmigo o con Pedro?
Ella ¿Contigo o con él? No voy con ninguno de vosotros. Voy a pie.

* 40 Una página escogida

(Pareja es un pueblo que está al norte de Madrid. Allí viven Elena y María.)

En Pareja todas las mujeres son muy guapas. Elena y María son, sin duda, un buen partido
5   para cualquiera. A Elena le gusta la cocina y a María, los niños. A Elena le gustan los hombres morenos y a María, los rubios. A Elena le gustan los bailes en la plaza y a María, los paseos por la vega. A Elena le gustan los
10 perros y a María, los gatos. A Elena le gusta el cordero asado y a María, la tortilla francesa. A Elena le gusta el café y a María, no. A Elena le gusta la misa mayor y a María, no. A Elena le gusta leer el periódico y a María, no. María
15 prefiere leer novelas (...)

       C. J. CELA Viaje a la Alcarria

una página escogida eine besondere Seite
guapo hübsch
sin duda ohne Zweifel
un buen partido eine gute Partie
cualquiera jeder (beliebige)
el hombre Mann
el baile Tanz
el paseo por la vega Spaziergang das Flußufer entlang
el gato Katze
el cordero asado Lammbraten
la tortilla francesa Omelette
la misa mayor Hochamt
la novela Roman
Camilo José Cela span. Schriftsteller (geb. 1916)

41 Consultorio

Son las nueve de la mañana. En la sala de espera del doctor hay cinco pacientes.

– El primero.

Entra el primer paciente y el médico cierra la puerta.

– Buenos días, doctor.
– ¿Qué le pasa, don Alfredo?
– No sé. Me encuentro muy cansado. Esta noche no he podido dormir.
– Vamos a ver.

El médico lo examina detenidamente.

– No tiene nada grave, don Alfredo. Vaya al campo, camine mucho y haga ejercicio. Fume menos y beba menos. Coma más fruta.
– Quisiera ir a esquiar a la Sierra Nevada. ¿Puedo ir?
– Sí, claro, pero tenga cuidado con el frío.

– El siguiente.

Dos pacientes se levantan a la vez.

Paciente A – Pase usted primero, señor.
Paciente B – No, pase usted, señora.
Paciente A – Muchas gracias... Permítame...

La señora entra en el consultorio.

– Buenos días, doctor. ¿Cómo está usted?
– Muy bien, ¿y usted?
– Muy mal. No me encuentro bien.
– Siéntese, siéntese, por favor. ¿Qué le duele?
– Todo, doctor, todo, y tengo un dolor de cabeza terrible.
– ¿Dónde le duele?
– Aquí, sobre la nariz. Y los ojos me duelen también.

– Abra la boca, por favor... Está bien... Permítame... Ya veo. La garganta está un poco hinchada. ¿No tiene fiebre?
– No sé, me parece que tengo la gripe.
20 – Eso es. Tiene usted la gripe. Vaya a la farmacia con esta receta, tome dos pastillas por la mañana durante tres días y vuelva el próximo jueves.

– El siguiente.

25 Entra el señor Martínez. Se sienta.

– Buenos días, señor Martínez. ¿Cómo se encuentra hoy? ¿Está mejor?
– Mucho peor, doctor, mucho peor.
– ¿Le duele todavía el estómago?
30 – No, ahora me duele la cabeza, aquí en la frente. Cuando me acuesto por la noche estoy bien, pero por la mañana, cuando me despierto, me duele todo el cuerpo.

Al señor Martínez el médico le entrega
35 también una receta. Además tiene que trabajar menos, fumar menos y hacer más ejercicio.

63

42 Andrés está triste

José y Ramón están esperando a sus amigos Andrés y Cristina junto a la taquilla del cine Savoy. Van a ver la película "La caza" de Carlos Saura. Llega Cristina.

5 *Cristina* ¿Cuántas entradas habéis sacado?
José Cuatro. Una para Andrés, una para ti y dos para nosotros.
Cristina Andrés me ha dicho que ya tiene una.
José Bueno, entonces voy a devolver la suya.

10 Llega Andrés.

Andres ¡Hola, Cristina! ¿Has visto a José y a Ramón?
Cristina Sí, ya han venido. Les he dicho que tú ya tienes una entrada. Han ido a
15 devolver una.
Andrés ¡Hombre! ¡Si la entrada que tengo es para el fútbol! Para el cine no tengo ninguna.

Andrés corre a la taquilla para salvar su
20 entrada. Pero los muchachos ya la han devuelto.
Ha llegado mucha gente. Andrés se pone en la cola. Cuando le toca a él todo está agotado. La taquillera le dice que ya no quedan entradas
25 para esta función. Andrés se pone muy triste. Ahora Cristina va al cine con los otros. Andrés vuelve a casa.

A medianoche José, Ramón y Cristina salen del cine.

30 *José* ¿Os ha gustado la película?
Ramón Sí, a mí me ha gustado mucho. ¿A ti también, Cristina?
Cristina Me ha gustado más que la otra de Saura. ¿La has visto, Ramón?
35 *Ramón* No, pero voy a verla la semana que viene.

En las ciudades latinoamericanas vive mucha gente. Buenos Aires es, después de México, la ciudad más grande de Latinoamérica. Tiene unos once millones de habitantes.

En Lima, capital de Perú, hay todavía edificios que construyeron los españoles durante la colonia.

Estación de ferrocarril de un pueblo, en Perú.
En Latinoamérica hay mucha gente que no encuentra trabajo en el campo. Muchos emigran a las ciudades.

43 Latinoamérica

En el siglo XVI los españoles empezaron a conquistar y a colonizar América. Gran parte de este continente fue una colonia española durante más de tres siglos. Por esto hoy se habla
5 español en 20 países.
   Los españoles también conquistaron la mayor parte del sur de los Estados Unidos, territorio que perteneció a México hasta el siglo pasado.
   El Brasil fue una colonia portuguesa y hoy
10 se habla portugués allí.

El Ecuador

Este país se llama así porque está situado en el ecuador, en el oeste del continente sudamericano.
   Tiene una superficie de unos 300 000 kilómetros cuadrados. Tiene unos ocho millones
15 de habitantes.
   La capital del Ecuador es Quito. Tiene 750 000 habitantes.
   Sólo un 10 % de los habitantes del Ecuador son blancos, un 30 % son indios y un 60 %
20 mestizos. Alrededor de un 19 % de la población adulta son analfabetos.
   Los principales productos que exporta el Ecuador son plátanos, café y cacao.
   El Ecuador exporta también, cada año, más
25 de cuatro millones de sombreros de Panamá. Casi todos se venden a los Estados Unidos.

el siglo Jahrhundert
conquistar erobern
colonizar erschließen; besiedeln
el continente Kontinent
el territorio Gebiet
portugués portugiesisch
el ecuador Äquator
así so
está situado en el ecuador liegt am Äquator
la superficie Fläche
el kilómetro cuadrado Quadratkilometer
el indio Indianer
el mestizo Mestize (Mischling zw. Weißen und Indianern)
alrededor de hier: circa
el analfabeto Analphabet
el principal producto das wichtigste Erzeugnis
el cacao Kakao
el sombrero Hut
se venden man verkauft
construyeron (Prät. von *construir*) sie bauten
la colonia hier: Kolonialzeit

el exportador Exporteur
el petróleo Erdöl
actualmente gegenwärtig
de exportación Export...

El Ecuador es el tercer país exportador de petróleo de América Latina, después de Venezuela y México. Actualmente el petróleo es el principal producto de exportación del país.

Eraclio Pacheco

Eraclio Pacheco es mestizo y vive en Jipijapa, cerca de la costa del Pacífico.

Eraclio no sabe leer ni escribir. Pero su hijo mayor, Casimiro, sabe leer un poco. Casimiro
5 tiene 14 años. Tiene tres hermanas y un hermano.

La mujer de Eraclio murió hace dos años, cuando nació el quinto hijo.

Los Pacheco son muy pobres. No ganan
10 muchos sucres con su trabajo. Hacen sombreros de paja a mano. Los venden a un comerciante norteamericano, el señor Brown.

El padre vuelve del mercado con una carretilla de paja. La paja la ha comprado allí.

15 *El padre* ¿Ha venido alguien?
Casimiro No, hasta ahora no ha venido nadie. ¿A quién esperas?
El padre A míster Brown. He visto su coche en la carretera.
20 *Casimiro* ¿Cuándo?
El padre Hace media hora. Tiene que venir a buscar los sombreros que están listos. ¿Los has contado?
Casimiro Sí, hay 150.

murió (Prät. von *morir*) starb
nacer geboren werden
el sucre Währung in Ekuador
la paja Stroh
hacer a mano von Hand machen
el comerciante Kaufmann
la carretilla Schubkarren
la carretera Landstraße
el dato Angabe
la exportación Ausfuhr
la moneda hier: Währung
los cereales (pl.) Getreide
la carne Fleisch
el ganado Vieh
el algodón Baumwolle
el mineral Mineral
el cobre Kupfer
el salitre Salpeter
el alcohol Alcohol
la maquinaria (sing.) Maschinen
la plata Silber
la harina de pescado Fischmehl
el automóvil Fahrzeug
el aparato eléctrico Elektrogerät

Países y datos (1983)

País	Superficie	Habitantes	Capital	(:Habitantes)	Exportación	Moneda
Argentina	2 776 889 km^2	28 090 000	Buenos Aires	10 900 000	cereales, carne, ganado, algodón	australes
Colombia	1 138 914 km^2	27 730 000	Bogotá	4 080 000	café, petróleo, minerales, plátanos, algodón	pesos
Chile	756 945 km^2	11 290 000	Santiago	3 700 000	cobre, hierro, salitre, carbón	pesos
Cuba	114 524 km^2	9 706 000	La Habana	2 000 000	azúcar, tabaco, alcohol, fruta, minerales	pesos
España	504 782 km^2	37 650 000	Madrid	4 000 000	maquinaria, naranjas, limones, aceite, vino	pesetas
México	1 972 547 km^2	71 910 000	México	14 400 000	algodón, azúcar, café, pescados, petróleo, plata	pesos
Perú	1 285 216 km^2	18 280 000	Lima	4 600 000	cobre, plata, harina de pescado, algodón	soles
Venezuela	912 050 km^2	13 910 000	Caracas	2 664 000	petróleo, hierro, café, cacao	bolívares
Alemania Occidental	248 586 km^2	61 713 000	Bonn	288 000	automóviles, aparatos eléctricos, maquinaria	marcos

* **El quechua y otros idiomas**

25 Unos 20 millones de personas en Latinoamérica hablan otros idiomas. Muchas de estas personas son, sin embargo, bilingües.

Las lenguas no españolas más importantes son:
– el quechua, que en Perú es lengua oficial
30 como el español; también se habla en Colombia, Ecuador y Bolivia.
– el guaraní, en Paraguay.
– el náhuatl y el otomí, en México.
– el maya-quiché, en Guatemala y Yucatán.
35 – el aimara, en Bolivia y Perú.

sin embargo trotzdem
bilingüe zweisprachig
la lengua oficial die Amtssprache

44 Las flores

Una mañana salió Tomás Pereda de su casa para ir al trabajo. No pudo encontrar su coche. Alguien lo había robado. Tomás tuvo que ir en metro. Denunció el robo a la policía.

Al día siguiente, por la mañana, el coche estaba otra vez delante de su casa. Tomás se alegró, naturalmente. Abrió la puerta y encontró, dentro del coche, un magnífico ramo de rosas. Al lado de las flores había dos entradas para el teatro. Eran para uno de los mejores teatros de la ciudad. Tomás Pereda pensó entonces que había ladrones muy simpáticos y que este ladrón era una buena persona.

Por la noche él y su esposa fueron al teatro. Daban "Un sereno debajo de la cama", una obra de teatro muy divertida. Les gustó mucho.

Tomás Pereda y su esposa volvieron tarde a casa y cuando entraron vieron que el piso estaba vacío.

Mientras ellos estaban en el teatro había entrado el ladrón en su piso y se había llevado todo lo que había allí.

Al día siguiente, por la mañana, Tomás Pereda volvió a la comisaría.

Los Pereda vendieron el coche y nunca más volvieron al teatro.

45 Extremadura

Extremadura está en el oeste de la Meseta Sur. La mayor parte de los extremeños son campesinos, sin tierra propia. Cultivan trigo, uvas y olivas. En Extremadura hay muchos cerdos y ovejas y se produce corcho.

En Extremadura se han construido muchos pantanos para regar tierras que antes no producían nada.

Como hay poco trabajo en esta parte del país muchos extremeños emigran, sobre todo a Madrid, a Barcelona y al extranjero.

Jorge Rodríguez

Jorge Rodríguez vive cerca de Badajoz.

– ¿Y usted también se va?
– Yo no, soy demasiado viejo. Tengo 64 años.
– ¿Pero hay mucha emigración?
– Sí, aquí sólo quedamos los viejos, las mujeres y los niños. Mis hijos están todos en Suiza.
– ¿Todos se van al extranjero?
– Todos no, pero la mayor parte. Muchos van a Barcelona.
– ¿Y no vuelven?
– Depende. Si van al extranjero vuelven a España, pero no al pueblo. Se quedan en Barcelona o en otra ciudad.
– ¿No les gusta la vida en el extranjero?
– Es muy distinta. Allí hay trabajo y ganan más dinero, pero la vida es más cara. También hay problemas: allí hablan otra lengua, tienen otras costumbres; y la comida… Y no son católicos.
– ¿Por qué se han ido tantos de aquí?
– Se gana poco. Aquí la tierra está en manos de unos pocos. Los que no tenemos tierra propia ganamos poco.
– ¿Qué pasa si la emigración continúa?
– Pues, es peor para nosotros los que quedamos. Muchos de los que se van son chicos trabajadores y ambiciosos. Y si no vuelven…

(Inspirado en James A. Michener, *IBERIA*)

la Meseta Sur südlicher Teil der kastilischen Hochebene
la mayor parte der größte Teil
el extremeño Einwohner Estremaduras
la tierra propia eigenes Land
la oliva Olive
el cerdo Schwein
la oveja Schaf
se produce hier: man verarbeitet
el corcho Kork
el pantano Stausee
la emigración Auswanderung
depende es kommt darauf an
la vida Leben
distinto verschieden
la costumbre Gewohnheit
católico katholisch
en manos de im Besitz von
continuar fortfahren
trabajador fleißig
ambicioso ehrgeizig

Grammatische Übersichten

Artikel   El artículo

1a Singular   1b Plural

Artikel:	maskulin	feminin	maskulin	feminin
Bestimmter	**el zapato** der Schuh	**la isla** die Insel	**los zapatos** die Schuhe	**las islas** die Inseln
Unbestimmter	**un zapato** ein Schuh	**una isla** eine Insel	**unos zapatos** einige Schuhe	**unas islas** einige Inseln

Die Neutralform **lo** wird nur in Verbindung mit substantivierten Adjektiven, Adverbien, Pronomen und Ordnungszahlen gebraucht: **lo bueno** das Gute; **a lo lejos** in der Ferne; **lo que** das, was; **lo primero** das erste.
Unos = einige, ein paar, außer bei Substantiven, die nur im Plural gebraucht werden: **unos días** ein paar Tage; **unas gafas** eine Brille.

2 al, del

| Voy **al** hotel. | Ich gehe zum Hotel. | **a + el = al** |
| Juan va **del** banco **al** hotel. | Juan geht von der Bank zum Hotel. | **de + el = del** |

3 Gebrauch des Artikels

| a **La señorita** Molina está en la calle. **El doctor** Sotelo entra en el estanco. **Don** Tomás y **doña** Eusebia están esperando el tren. | Fräulein Molina ist auf der Straße. Doktor Sotelo betritt den Tabakladen. Eusebia und Tomás warten auf den Zug. | a Vor Titeln steht der bestimmte Artikel. Aber nie bei **don, doña**. |

| b – Buenos días, **señor** Pérez. – Buenas tardes, **doctor**. – Tome el autobús número seis, **señorita**. | – Guten Morgen, Herr Pérez. – Guten Tag, Herr Doktor. – Fahren Sie mit dem Autobus Nr. 6, Fräulein. | b Bei der Anrede steht nie der bestimmte Artikel. |

| c **(La) Argentina** limita con **(el) Uruguay**. **(El) Japón** es un país muy interesante. **La Habana** es la capital de Cuba. **La Paz** es la capital de Bolivia. **La** España verde. **La** alegre Sevilla. Suiza. **La** Suiza turística. | Argentinien grenzt an Uruguay. Japan ist ein sehr interessantes Land. Havanna ist die Hauptstadt von Kuba. La Paz ist die Hauptstadt von Bolivien. Das grüne Spanien. Das lustige Sevilla. Die Schweiz. Die touristische Schweiz. | c Einige Ländernamen können mit dem bestimmten Artikel stehen. Bei einigen wenigen Städtenamen muß der bestimmte Artikel stehen. Der bestimmte Artikel steht immer bei Länder- und Städtenamen mit Attribut. |

| d **El lunes** tengo seis horas de clase. **Los domingos** no pasa ningún tren. | Am Montag habe ich 6 Stunden Unterricht. Sonntags verkehrt kein Zug. | d Vor Wochentagen steht der bestimmte Artikel außer bei Ausdrücken wie: **hoy es domingo**. |

| **Noviembre** es un mes lluvioso. **En enero** ha nevado mucho. | Der November ist ein regenreicher Monat. Im Januar hat es viel geschneit. | Bei Monatsnamen steht nie der bestimmte Artikel. |

| **El mes pasado** estuvimos en Chile. **El año que viene** termino mis estudios. | Vorigen Monat waren wir in Chile. Nächstes Jahr beende ich mein Studium. | Bei Zeitangaben wie **el año pasado, la semana próxima** steht immer der bestimmte Artikel. |

| Trabajamos desde **las nueve** a **la una**. | Wir arbeiten von 9 bis 13 Uhr. | Bei Uhrzeiten steht immer der bestimmte Artikel. |

e No vamos **en coche** sino **en tranvía**.	Wir fahren nicht mit dem Auto sondern mit der Straßenbahn.	e Bei Verkehrsmitteln nach **en** fehlt der bestimmte Artikel.

f Pablo se interesa mucho por **la música**.	Pablo interessiert sich sehr für Musik.	Der bestimmte Artikel steht auch vor: f Substantiven **in allgemeiner Bedeutung**
g María tiene **los** ojos verdes.	Maria hat grüne Augen.	g Körperteilen nach **tener**
h Los señores juegan **al** dominó. – ¿Sabes tocar **el** piano?	Die Herren spielen Domino. – Kannst du Klavier spielen?	h Sport und Spiel (Instrumente, Karten usw.)
i **El** Real Madrid es un equipo de fútbol muy famoso.	Real Madrid ist eine sehr berühmte Fußballmannschaft.	i Sportmannschaften

j Lo he leído en **otro** periódico. Tengo que comprar **otro** diccionario.	Ich habe es in einer anderen Zeitung gelesen. Ich muß ein anderes Wörterbuch kaufen.	Der unbestimmte Artikel steht nie vor: j **otro**
k Pasa **media** hora. – Déme **medio** kilo, por favor. El niño ha comido **media** manzana.	Es vergeht eine halbe Stunde. – Geben Sie mir bitte ein halbes Kilo. Das Kind hat einen halben Apfel gegessen.	k **medio**

l **Parte** de los empleados está de vacaciones.	Ein Teil der Angestellten ist in Urlaub.	l Vor **parte** fehlt der unbestimmte Artikel oft.

Substantiv   El sustantivo

4a Singular

maskulin		feminin		Die spanischen Substantive sind entweder maskulin oder feminin.
un bolso	eine Tasche	**una carta**	ein Brief	Substantive auf **-o** sind im allgemeinen maskulin. Substantive auf **-a** sind im allgemeinen feminin.
un hotel	ein Hotel	**una ciudad**	eine Stadt	
un coche	ein Auto	**una calle**	eine Straße	
Aber:				Substantive, die mit Konsonant oder mit **-e** enden, können maskulin oder feminin sein. Eine Regel gibt es nicht.
una moto	ein Motorrad	**un día**	ein Tag	
una radio	ein Radioapparat	**un programa**	ein Programm	
una mano	eine Hand	**un mapa**	eine Landkarte	

Es fácil pronunciar bien **la 'g'** y **la 'c'**.	Es ist einfach, das „g" und das „c" richtig auszusprechen.	Buchstaben sind feminin.

Han ganado **el 7** y **el 21**. **El Danubio** es un río caudaloso.	Die 7 und die 21 haben gewonnen. Die Donau ist ein wasserreicher Fluß.	Zahlen und Flüsse sind maskulin.

Voy a comprar **el "ABC"**.	Ich möchte die „ABC" kaufen.	Zeitungen sind im allgemeinen maskulin.

la Alemania del siglo pasado **el Madrid** antiguo **los** Países Bajos	das Deutschland des vorigen Jahrhunderts das alte Madrid die Niederlande	Länder- und Städtenamen auf **-a** sind feminin, die anderen sind in der Regel maskulin.

El agua está fría. Tengo mucha **hambre**.	Das Wasser ist kalt. Ich habe großen Hunger.	**Agua** (Wasser) und **hambre** (Hunger) sind feminin; da sie aber mit betontem **a-, ha-** beginnen, steht im Singular der Artikel **el**.

4b Plural

maskulin		feminin	
los bolsos	die Taschen	las cartas	die Briefe
los hoteles	die Hotels	las ciudades	die Städte
los coches	die Autos	las calles	die Straßen

Der Plural wird durch Anhängen von -s gebildet.

Wörter, die im Singular mit Konsonant enden, bilden den Plural mit **-es**: **un autobús, dos autobuses** (kein Akzent im Plural!).

Los jueves no tengo clase.	Donnerstags habe ich keinen Unterricht.
Los López y **los Molina** son muy simpáticos.	Familie López und Familie Molina sind sehr nett.

Einige Substantive haben keine Pluralendung, z. B. Wörter, die mit **-s** nach unbetontem Vokal enden, sowie die Familiennamen.

Der männliche Plural hat manchmal eine besondere Bedeutung:

el hermano	Bruder	los hermanos	Geschwister
el padre	Vater	los padres	Eltern
el señor	Herr	los señores	Herr und Frau; Herrschaften
el hijo	Sohn	los hijos	Söhne und Töchter; Kinder
el tío	Onkel	los tíos	Onkel und Tante
el abuelo	Großvater	los abuelos	Großeltern

Einige Substantive haben nur Pluralformen:

las gafas (LAm **los** lentes)	Brille
los leotardos	Strumpfhose
las afueras	Umgebung
los gemelos	Zwillinge, Manschettenknöpfe, Fernglas
las tijeras (selten **la** tijera)	Schere

5 Genitiv   El genitivo

la moto **de** Paco	Pacos Motorrad
el estanco **de la** señora Valera	Frau Valeras Tabakladen
el coche **del** señor Sotelo	Herrn Sotelos Auto
las fotos **de las** chicas	Die Bilder der Mädchen
los discos **de los** chicos	Die Schallplatten der Jungen

Besitz und Zugehörigkeit werden mit **de** ausgedrückt.
Beachten Sie: **de** + **el** = **del**.

La fábrica **de** tabaco es muy moderna.	Die Tabakfabrik ist sehr modern.
Vamos al cine **de la** calle Alcalá.	Wir gehen ins Kino in der Alcalá-Straße.
El tren **de las** nueve ha llegado puntual.	Der 9-Uhr-Zug ist pünktlich angekommen.
– ¿Ves a la chica **del** bolso negro?	– Siehst du das Mädchen mit der schwarzen Handtasche?

Im Spanischen steht oft die Präposition **de**, wo im Deutschen zusammengesetzte Substantive oder die Präpositionen ‚an, auf, mit' usw. gebraucht werden.

6 Menge, Maß, Anzahl

una taza de chocolate	eine Tasse Schokolade
un kilo de arroz	ein Kilo Reis
un cuarto de kilo	ein halbes Pfund
tres millones de habitantes	drei Millionen Einwohner
mil toneladas de naranjas	tausend Tonnen Apfelsinen
un paquete de Ducados	eine Schachtel Ducados (Zigarettenmarke)

Die Präposition **de** steht nach Substantiven, die Maß, Anzahl oder Menge bezeichnen.

7 Akkusativ mit der Präposition a

– ¿Ves **a** los niños?	– Siehst du die Kinder?
– Veo **a** Carlos y **a** Anita, pero no **a** Julián.	– Ich sehe Carlos und Anita, aber nicht Julián.
Luis mira **a** la chica.	Luis sieht das Mädchen an.
Cristina está esperando **a** Juan.	Cristina wartet auf Juan.
– ¿Conoces **a** mi hermana?	– Kennst du meine Schwester?
– ¿**A** tu hermana?	– Deine Schwester?

Die Präposition **a** steht vor dem Akkusativobjekt, wenn es sich um eine bestimmte Person handelt.

Aber nach encontrar, buscar, necesitar (wenn es sich nicht um eine konkrete Person handelt) und nach tener:

– Tengo dos hermanos.	– Ich habe zwei Geschwister.
– ¿Necesitas un ayudante?	– Brauchst du einen Helfer?

8 Verkleinerungsformen El diminutivo

Luisa toma un **carrito**. Emilia toma una **canastilla**. Compran un **sobrecito** de azafrán. El hijo vuelve con una **carretilla** de paja.	Luisa holt einen kleinen Einkaufswagen. Emilia holt einen kleinen Einkaufskorb. Sie kaufen ein Tütchen Safran. Der Sohn kommt mit einem kleinen Karren Stroh zurück.	Die Endungen **-ito, -cito, -illo** sind die häufigsten Verkleinerungsformen (carro = Wagen – **carrito**; canasta = Korb – **canastilla**; sobre = Umschlag – **sobrecito**; carreta = Karren – **carretilla**)
– ¿Qué estás haciendo, **Tomasito**? – ¿Dónde está **Carmencita**? – Besos para **Carlitos**.	– Was machst du gerade, Thomas? – Wo ist die kleine Carmen? – Küsse an den kleinen Carlos.	Der Gebrauch dieser Endungen ist oft Ausdruck für Anhänglichkeit, Zärtlichkeit, Sympathie.

Adjektiv El adjetivo

9 Singular

maskulin			feminin			
a **un** coche **negro** **un** bolso **grande** **un** bolígrafo **azul**	ein eine ein	schwarzes Auto große Tasche blauer Kugel- schreiber	**una** maleta **negra** **una** taza **grande** **una** camisa **azul**	ein eine ein	schwarzer Koffer große Tasse blaues Hemd	Das Adjektiv richtet sich in Geschlecht und Zahl nach dem Substantiv **a** Adjektive auf **-o** bilden die weibliche Form auf **-a**. Die übrigen Adjektive bilden keine besondere Femininform. Ausnahmen: Adjektive auf **-or, -ón, -án, -ín, -sor, -tor**.
un chico **trabajador** **un** hombre **holgazán**	ein ein	fleißiger Junge fauler Mann	**una** chica **trabajadora** **una** mujer **holgazana**	ein eine	fleißiges Mädchen faule Frau	
b **un** señor **español** **un** libro **francés** **un** coche **alemán**	ein ein ein	spanischer Herr französisches Buch deutsches Auto	**una** señora **española** **una** revista **francesa** **una** moto **alemana**	eine eine ein	spanische Dame französische Zeitschrift deutsches Motorrad	**b** Nationalitäts- und Städteadjektive bilden die weibliche Form auf **-a**. Beachten Sie den Akzent bei einigen männlichen Adjektiven.

10 Plural

maskulin		feminin		
los coches negros los bolsos grandes los bolígrafos azules los labradores marroquíes los señores españoles los muchachos mejicanos	 die marokkanischen Bauern die mexikanischen Jungen	las maletas negras las tazas grandes las camisas azules las carreteras marroquíes las señoras españolas las muchachas mejicanas	 die marokkanischen Straßen die mexikanischen Mädchen	Die Adjektive bilden den Plural wie die Substantive: Enden sie mit Vokal, so haben sie die Pluralendung **-s**. Enden sie mit Konsonant oder **-í**, so haben sie die Pluralendung **-es**. Dasselbe gilt für die Nationalitäts- und Städteadjektive.

11 Stellung des Adjektivs

a **La maleta negra** es de un **señor italiano**.	Der schwarze Koffer gehört einem italienischen Herrn.	**a** Das Adjektiv steht in der Regel hinter dem Substantiv.
b Es una **buena** pensión. Hace **buen** tiempo. Hace muy **mal** tiempo.	Es ist eine gute Pension. Es ist schönes Wetter. Es ist sehr schlechtes Wetter.	**b Bueno** und **malo** stehen oft vor dem Substantiv und verlieren dann im Singular die Maskulin-Endung **-o**.

| c El **Gran Hotel** está en la **Gran Vía**. | Das „Gran Hotel" ist auf der „Gran Vía". | c **Grande** steht oft vor dem Substantiv |
| Esto es un **gran problema**. | Das ist ein großes Problem. | und verliert dann die Endung **-de** im Singular. |

d Tengo **poco tiempo**.	Ich habe wenig Zeit.	d **Mucho, poco, otro** stehen immer
– ¿Quiere **otra taza** de café?	– Möchten Sie noch eine Tasse Kaffee?	vor dem Substantiv.
Pilar tiene **muchas amigas**.	Pilar hat viele Freundinnen.	

12 Steigerung Comparativo y superlativo

a	Positiv	Komparativ	Superlativ			
Singular						
maskulin	alto hoch	más alto höher	el más alto	der höchste	el coche más caro	das teuerste Auto
feminin	alta	más alta	la más alta		la casa más moderna	das modernste Haus
Plural						
maskulin	altos	más altos	los más altos		los cuadros más conocidos	die bekanntesten Bilder
feminin	altas	más altas	las más altas		las chicas más guapas	die hübschesten Mädchen

b Folgende 4 Adjektive haben regelmäßige (mit **más, el más** ...) oder unregelmäßige Komparative und Superlative:

Positiv	Komparativ		Superlativ	
bueno gut, lieb	**más bueno, mejor**	besser, lieber	**el más bueno, el mejor**	der beste, der liebste
malo schlecht, böse	**más malo, peor**	schlechter, böser	**el más malo, el peor**	der schlechteste, der böseste
pequeño klein	**más pequeño**	kleiner	**el más pequeño**	der kleinste
	menor	kleiner, jünger	**el menor**	der kleinste, der jüngste
grande groß	**más grande**	größer	**el más grande**	der größte
	mayor	größer, älter	**el mayor**	der größte, der älteste

En el Retiro el aire es **mejor**.	Im Retiro-Park ist die Luft besser.	
Ésta es **la mejor** pensión de la ciudad.	Das ist die beste Pension in der Sadt.	
Estos pantalones son **los mejores** que tengo.	Das ist die beste Hose, die ich habe.	
Beatriz es **la menor** de los tres hermanos.	Beatriz ist die jüngste der drei Geschwister.	**Menor** und **mayor** bezeichnen das
Luis es **mayor** que Carlos, pero Carlos	Luis ist älter als Carlos, aber Carlos	Alter.
es más alto que Luis.	ist größer als Luis.	

13 ¡Qué idioma más difícil!

| ¡Qué sello **más** (od. **tan**) **bonito**! | Was für eine schöne Briefmarke! | Regelmäßige Komparativformen |
| ¡Qué idioma **más** (od. **tan**) **difícil**! | Was für eine schwierige Sprache! | werden bei Ausrufen gebraucht, ohne jedoch einen Vergleich auszudrücken. |

14 -ísimo

| Aquí hay **muchísimos** coches. | Hier sind sehr viele Autos. | Die Endung **-ísimo** bezeichnet den |
| **Muchísimas** gracias. | Besten Dank. | höchsten Grad einer Eigenschaft. |

Una medicina **amarguísima**. (amargo)	Ein sehr bitteres Medikament.	Beachte: Adjektive auf **-go, -co, -ble,**
Edificios **antiquísimos**. (antiguo)	Sehr alte Gebäude.	**-guo** weisen dann eine orthographische
Un policía **amabilísimo**. (amable)	Ein sehr freundlicher Polizist.	Veränderung auf.
Hoy tengo **poquísimo** dinero. (poco)	Heute habe ich sehr wenig Geld.	

15 Vergleich

| Carlos trabaja **más que** Luis. | Carlos arbeitet mehr als Luis. | **más   que** mehr als |
| Las chicas ganan **menos que** los chicos. | Die Mädchen verdienen weniger als die Jungen. | **menos que** weniger als |

Luis no es **tan** alto **como** Carlos. Luis no trabaja **tanto como** Carlos. Él tiene **tanta** responsabilidad **como** tú. Valencia no tiene **tantos** habitantes **como** Madrid.	Luis ist nicht so groß wie Carlos. Luis arbeitet nicht so viel wie Carlos. Er trägt genau so viel Verantwortung wie du. Valencia hat nicht so viele Einwohner wie Madrid.	**tan** + Adj./Adv. . . . **como** so . . . wie **tanto como** so viel wie **tanto, tanta, tantos, tantas** + Subst. . . . **como** so viel/e . . . wie

Juan no trabaja en **la misma** empresa **que** Ramón. Carmen es **igual que** su madre.	Juan arbeitet nicht in der gleichen Firma wie Ramón. Carmen ist genau wie ihre Mutter.	**el mismo, la misma, lo mismo**... **que**, der-, die-, dasselbe . . . wie **igual que** genau/so wie

Madrid tiene **más de** tres millones de habitantes. Carlos **no** tiene **más que** treinta pesetas. Luisa es **más** guapa **de lo que** yo creía. Sabe **más de lo que** parece.	Madrid hat mehr als drei Millionen Einwohner. Carlos hat nur dreißig Peseten. Luise ist hübscher, als ich dachte. Er weiß mehr, als es scheint.	Vor Zahlen: **más de** mehr als **no más que** nur Vor Sätzen: **más de lo que** mehr als

Adverb El adverbio

16a Hoy, aquí...

– **Ahora** no tengo tiempo, lo voy a hacer **mañana**. – **De repente** empezó a llover. – **Poco a poco** nos vamos acercando a la frontera.	– Jetzt habe ich keine Zeit, ich werde es morgen tun. – Plötzlich fing es an zu regnen. – Wir nähern uns allmählich der Grenze.	Außer den einfachen Adverbien (**ahora, hoy, aquí** . . .) gibt es im Spanischen viele aus mehreren Wörtern bestehende adverbiale Ausdrücke.

16b -mente

atento – atentamente cortés – cortésmente fácil – fácilmente	aufmerksam höflich einfach	Adverbien werden oft durch Anhängen der Endung **-mente** an die weibliche Adjektivform gebildet.

Los hombres trabajan **principalmente** en el campo. – Estoy **terriblemente** cansado. Los estudiantes comen y leen **tranquilamente**.	Die Männer arbeiten hauptsächlich auf dem Lande. – Ich bin furchtbar müde. Die Studenten essen und lesen in aller Ruhe.	

16c bien, mal, mucho, poco

Positiv	Komparativ	Superlativ	
bien gut **mal** schlecht **mucho** viel **poco** wenig	**mejor** besser **peor** schlechter **más** mehr **menos** weniger	**lo mejor** am besten **lo peor** am schlechtesten **lo más** am meisten **lo menos** am wenigsten	Die Adverbien **bien, mal, mucho, poco** haben unregelmäßige Komparativ- und Superlativformen.

Emilio juega **bien**, pero Luis juega **mejor**. El chico habla **mal**, pero su amigo habla todavía **peor**.	Emilio spielt gut, aber Luis spielt besser. Der Junge spricht schlecht, aber sein Freund spricht noch schlechter.

17 Sehr

a La barra es **muy** larga. Habla **muy** bien.	Die Theke ist sehr lang. Er spricht sehr gut.	a „Sehr" vor Adjektiven und Adverbien = **muy**

b – ¿Estás contento? – Sí, **mucho**. (Sí, **muy** contento).	– Bist du zufrieden? – Ja, sehr.	b „Sehr" = **mucho**, wenn das Adjektiv in einer Antwort nicht wiederholt wird.

c – Ese refresco me gusta **mucho**. – Me alegro **mucho** de verte.	– Diese Erfrischung schmeckt mir sehr. – Ich freue mich sehr, dich zu sehen.	c „Sehr" beim Verb = **mucho** ist unveränderlich.

d – Aquí hace **mucho** calor. – Tengo **mucho** frío. – Tenemos **mucha** prisa. – Andrés tiene **mucha** hambre.	– Hier ist es sehr warm. – Mir ist sehr kalt. – Wir haben es sehr eilig. – Andrés hat großen Hunger.	d „Sehr" vor Substantiven = **mucho** (ist veränderlich). *El calor, el frío, el hambre* (f), *la prisa* sind Substantive.

Zahlwörter   Los numerales

18 Grundzahlen

0 cero 1 uno (un), una 2 dos 3 tres 4 cuatro 5 cinco 6 seis 7 siete 8 ocho 9 nueve 10 diez 11 once 12 doce 13 trece 14 catorce 15 quince 16 dieciséis, diez y seis 17 diecisiete, diez y siete 18 dieciocho, diez y ocho 19 diecinueve, diez y nueve 20 veinte 21 veintiuno (veintiún, veintiuna) 22 veintidós 23 veintitrés 24 veinticuatro 25 veinticinco 26 veintiséis	30 treinta 31 treinta y uno (un, una) 32 treinta y dos 40 cuarenta 50 cincuenta 60 sesenta 70 setenta 80 ochenta 90 noventa 100 cien (ciento) 101 ciento uno (un, una) 150 ciento cincuenta 200 doscientos (-as) 300 trescientos (-as) 400 cuatrocientos (-as) 500 quinientos (-as) 600 seiscientos (-as) 700 setecientos (-as) 800 ochocientos (-as) 900 novecientos (-as) 1000 mil 1150 mil ciento cincuenta 2000 dos mil 100.000 cien mil 1.000.000 un millón 2.000.000 dos millones 1.000.000.000 mil millones	**Uno** = **un** vor männlichen Substantiven, z. B. **veintiún discos** (aber: **veintiuna ptas.**) **unos, unas** drückt die ungefähre Anzahl aus, z. B.: **unos cien gramos** ca. 100 gr **unas cincuenta pesetas** etwa 50 Peseten s. § 1 **Ciento** = **cien** vor Substantiv, vor **mil** oder **millones** **cien pesetas** 100 Peseten **cien mil pesetas** 100.000 Peseten Die alleinstehende Zahl 100 kann **cien** oder **ciento** heißen: **Tengo cien/ciento.** Die Hunderter zwischen 200 und 900 sind veränderlich, sie richten sich nach dem dazugehörigen Substantiv: **doscientas liras** 200 Lire **trescientas cincuenta pesetas** 350 Peseten Zwischen **millón** und dem folgenden Substantiv steht immer die Präposition **de**: **un millón de toneladas de naranjas** eine Million Tonnen Apfelsinen s. § 6 Eine Milliarde = **mil millones**

19 Uhrzeit

a – **¿A qué hora** empiezas hoy? – Empiezo **a las nueve**. – Emilia empieza **a las tres de la tarde**. – Terminamos **a las diez de la noche**.	– Um wieviel Uhr fängst du heute an? – Ich fange um neun Uhr an. – Emilia fängt um 3 Uhr nachmittags an. – Wir hören um zehn Uhr abends auf.

b	
– ¿Qué hora es?	– Wieviel Uhr ist es?
– Es la una.	– Es ist ein Uhr.
– Son las dos.	– Es ist zwei Uhr.
– Son las tres y media.	– Es ist halb vier.
– Son las cuatro menos cuarto.	– Es ist Viertel vor vier.
– Son las cinco y cuarto.	– Es ist Viertel nach fünf.
– Son las seis y diez.	– Es ist zehn Minuten nach sechs.
– Son las siete menos diez.	– Es ist zehn Minuten vor sieben.
– Son las siete en punto.	– Es ist genau sieben Uhr.
– Son las doce y pico.	– Es ist schon nach zwölf Uhr.

20 Datum

– ¿Qué fecha es hoy?	– Welches Datum haben wir heute?	Beim Datum gebraucht man Grundzahlen. (Beim ersten Tag des Monats verwendet man die Ordnungszahl; in Spanien ist auch die Grundzahl **uno** möglich.)
– Es **el uno de mayo**. (Es **el primero de mayo**.)	– Es ist der erste Mai.	
– ¿A cuántos estamos?	– Den wievielten haben wir heute?	
– Estamos **a ocho de enero**.	– Heute haben wir den 8. Januar.	

21 Alter

– ¿Cuántos años **tiene** tu hermana Pilar?	– Wie alt ist deine Schwester Pilar?	Das Alter wird mit dem Verb **tener** ausgedrückt.
– Mi hermana **tiene** diecisiete años.	– Meine Schwester ist siebzehn Jahre alt.	

22 Jahreszahl, Jahrhundert

1976 = **mil novecientos setenta y seis**.	
En el siglo XVI (**dieciséis**).	Im 16. Jahrhundert.

23 Datum und Jahreszahl im Brief

Toledo, dos de mayo (de) 1976.	Toledo, den 2. Mai 1976.

24 Ordnungszahlen

primero (primer)	octavo
segundo	noveno
tercero (tercer)	décimo
cuarto	undécimo
quinto	duodécimo
sexto	decimotercero, decimotercer
séptimo	decimocuarto

Alfonso X (**décimo**) el Sabio.	Alphons X. der Weise.	Ab 11 werden statt Ordnungszahlen meistens Grundzahlen verwendet.
El último rey español fue Alfonso XIII (**trece**).	Der letzte spanische König war Alphons XIII.	
– Luis vive en **el primer piso,** pero yo vivo en **el tercero,** izquierda.	– Luis wohnt im ersten Stock, aber ich wohne im dritten, links.	**Primero** und **tercero** werden vor männlichen Substantiven im Singular zu **primer** und **tercer** verkürzt.
– Es **el tercer coche** que tengo.	– Es ist das dritte Auto, das ich habe.	
– Es **la tercera vez** que llamo.	– Es ist das dritte Mal, daß ich anrufe.	
– Tome **la primera calle** a la derecha y luego **la segunda** a la izquierda.	– Gehen Sie die erste Straße rechts und dann die zweite links.	Ordnungszahlen werden wie das Adjektiv verändert.

75

Pronomen   El pronombre

Selbständiges (betontes) Personalpronomen

25 Als Subjekt

Singular	1	yo	ich
	2	tú	du
	3	él	er
		ella	sie
		usted	Sie
Plural	1	nosotros	wir
		nosotras	
	2	vosotros	ihr
		vosotras	
	3	ellos	sie
		ellas	
		ustedes	Sie

Diese Formen werden als Subjekt gebraucht. Zeigt die Endung des Verbs, um welche Personen es sich handelt, so kann das Personalpronomen ausfallen:
No tengo dinero. Ich habe kein Geld.

Soll die Person betont werden, so stehen die Subjektfomen beim Verb:
Yo no he visto a Pedro. *Ich* habe Pedro nicht gesehen.

Usted, ustedes ist die Höflichkeitsform. Das Verb steht in der 3. Person Singular oder Plural. Die Abkürzungen sind: **Ud., Uds., Vd., Vds.**

In allen lateinamerikanischen Ländern wird oft **usted, ustedes** anstatt **tú, vosotros** verwendet.

26 Nach einer Präposition

Singular	1	sobre	mí	über	mir, mich
	2		ti		dir, dich
	3		él		ihm, ihn
			ella		ihr, sie
			usted		Ihnen, Sie
Plural	1		nosotros		uns
			nosotras		
	2		vosotros		euch
			vosotras		
	3		ellos		ihnen, sie
			ellas		
			ustedes		Ihnen, Sie

Diese Formen stehen nach den Präpositionen (z. B. **para, a, de, por**):
Has tenido carta **de él**? Hast du einen Brief von ihm bekommen?
Esta bicicleta es **para ti**. Dieses Fahrrad ist für dich.

Eine Ausnahme sind die Präpositionen **entre** (im Sinne von „zusammen"), **menos, excepto** (außer). Nach ihnen steht das Pronomen im Nominativ: **entre tú y yo** wir beide zusammen.

Nach der Präposition **con** haben die 1. und 2. Person Singular eigene Formen: **conmigo, contigo**:
El niño no quiere ir de paseo **contigo**, sino **conmigo**. Das Kind will nicht mit dir, sondern mit mir spazierengehen.

Ello wird nicht als Nominativ, sondern nur im Zusammenhang mit einer Präposition gebraucht: No hables **de ello**. Sprich nicht davon.

Verbundenes (unbetontes) Personalpronomen

27 Akkusativ   El complemento directo

me	– ¿**Me** ves?	– Siehst du mich?
te	– No, no **te** veo.	– Nein, ich sehe dich nicht.
lo	– ¿Dónde está el libro? – No **lo** encuentro.	– Wo ist das Buch? – Ich finde es nicht.
lo, le	– ¿Dónde está Carlos? – No **lo** (**le**) veo.[1]	– Wo ist Carlos? – Ich sehe ihn nicht.
la	– ¿Dónde está la revista? ¿**La** lees?	– Wo ist die Zeitschrift? Liest du sie?
	– ¿Dónde está Ana? – No **la** veo.	– Wo ist Ana? – Ich sehe sie nicht.
nos	– ¿**Nos** llevas también?	– Nimmst du uns auch mit?
os	– Claro que **os** llevo.	– Sicher nehme ich euch mit.
los	– ¿Quién tiene los billetes?	– Wer hat die Fahrkarten?
	– Yo no **los** tengo.	– Ich habe sie nicht.
los, les	– ¿Dónde están los niños?	– Wo sind die Kinder? – Ich sehe sie nicht.
	– No **los** (**les**) veo.[1]	
las	– ¿Quién tiene las llaves?	– Wer hat die Schlüssel?
	– **Las** tiene papá.	– Papa hat sie.
	– ¿Dónde están las chicas?	– Wo sind die Mädchen?
	– No **las** veo.	– Ich sehe sie nicht.

[1] Die männliche Form für Personen heißt **lo** oder **le** (Plural **los, les**). **Le, les** wird öfter in Spanien, **lo, los** dagegen in Lateinamerika verwendet.

Bei der Anrede fügt man oft hinzu: **a usted, a ustedes**:
Lo (**le**) voy a recoger a usted en seguida.
Ich hole Sie gleich ab.
Las llevo a ustedes en mi coche.
Ich nehme Sie in meinem Wagen mit.

28 Stellung

Das Pronomen steht:

a	– ¿Dónde está el limón? – No **lo** veo. – ¿Los libros? ¿No **los** tienes tú?	– Wo ist die Zitrone? – Ich sehe sie nicht. – Die Bücher? Hast du sie nicht?	**a** vor dem konjugierten Verb und hinter der Negation.
b	– El coche es muy caro, no **lo** he comprado.	– Das Auto ist zu teuer, ich habe es nicht gekauft.	**b** bei zusammengesetzten Zeiten vor dem Hilfsverb und hinter der Negation.
c	– Voy a **comprarlo** mañana. (**Lo** voy a comprar mañana.)	– Ich werde es morgen kaufen.	**c** hinter dem Infinitiv (in einem Wort) oder vor dem Hilfsverb.
d	– ¡**Lléveme** en su coche, por favor!	– Nehmen Sie mich bitte in Ihrem Wagen mit.	**d** hinter der bejahenden Imperativform (in einem Wort). Beachten Sie den Akzent!
e	– ¿El limón? Mamá está **buscándolo**. (Mamá **lo** está buscando.)	– Die Zitrone? Mama sucht sie gerade.	**e** hinter dem Gerundium (in einem Wort) oder vor dem Hilfsverb. Beachten Sie den Akzent!

29 Zusätzliches Personalpronomen

– La llave **la** tiene mamá. – A Martín no **lo** (**le**) conozco. – ¿Conoces a Luisa? – No, a ella no **la** conozco.	– Den Schlüssel hat Mama. – Martin kenne ich nicht. – Kennst du Luisa? – Nein, sie kenne ich nicht.	Steht das Objekt am Anfang des Satzes, so wird es durch das entsprechende Personalpronomen wiederaufgenommen.

30 Dativ   El complemento indirecto

me te le	– ¿**Me** das el libro? – No, pero **te** doy el periódico. – El empleado **le** da el billete.	– Gibst du mir das Buch? – Nein, aber ich gebe dir die Zeitung. – Der Angestellte gibt ihm (ihr, Ihnen) den Fahrschein.	s. § 32
nos os les	– El policía **nos** devuelve el pasaporte. – **Os** doy también un recibo. – **Les** trae el dinero.	– Der Polizist gibt uns den Paß zurück. – Ich gebe euch auch eine Quittung. – Er bringt ihnen (Ihnen) das Geld.	s. § 32

31 Stellung

Das Pronomen steht (s. auch § 28):

a	– ¿**Me** das el periódico y el libro? – El periódico sí, pero no **te** doy el libro.	– Gibst du mir die Zeitung und das Buch? – Die Zeitung ja, aber das Buch gebe ich dir nicht.	**a** vor dem konjugierten Verb und hinter der Negation.
b	– Ya **te** he dado la revista. – No **le** ha dado el libro.	– Ich habe dir die Zeitschrift schon gegeben. – Er hat ihm (ihr, Ihnen) das Buch nicht gegeben.	**b** bei zusammengesetzten Zeiten vor dem Hilfsverb und hinter der Negation.
c	– ¿Quiere **darme** un recibo? (¿**Me** quiere dar un recibo?)	– Wollen Sie mir eine Quittung geben?	**c** hinter dem Infinitiv (in einem Wort) oder vor dem Hilfsverb.
d	– **Déme** el "ABC", por favor. – **Póngame** dos kilos de gambas.	– Geben Sie mir die „ABC" bitte. – Geben Sie mir zwei Kilo Krabben.	**d** hinter der bejahenden Imperativform (in einem Wort). Beachten Sie den Akzent!

32 Zusätzliches Personalpronomen

a	El cajero le da un recibo a él		Der Kassierer gibt	ihm	eine Quittung.
		al señor		dem Herrn	
		a ella		ihr	
		a la señora		der Dame	
		a usted		Ihnen	
	El cajero les da algo	a ellos.	Der Kassierer gibt	ihnen	etwas.
		a los señores		den Herren	
		a ellas		ihnen	
		a las señoras		den Damen	
		a ustedes		Ihnen	

a Das spanische **le, les** entspricht den deutschen Pronomen ihm, ihr, ihnen, Ihnen. Oft wird schon aus dem Zusammenhang deutlich, um wen es sich handelt. Wenn das nicht der Fall ist, so muß zusätzlich das selbständige Personalpronomen verwendet werden.

Es wird hervorgehoben durch **a** + Präpositionalform des Pronomens (§ 26) oder durch **a** + Substantiv.

---

b
- **A nosotros** no nos gusta el té.
- **A mí** me gustaría ir de vacaciones.

- Wir mögen keinen Tee.
- Ich möchte gern in Urlaub fahren.

b Diese zusätzlichen Personalpronomen können auch für andere Personen verwendet werden.

Reflexivpronomen und reflexives Verb — El pronombre y el verbo reflexivo

33 levantarse aufstehen, sich erheben

me	me levanto	ich stehe auf	nos	nos levantamos	wir stehen auf
te	te levantas	du stehst auf	os	os levantáis	ihr steht auf
se	se levanta	er, sie steht auf;	se	se levantan	sie, Sie stehen auf
	(él, ella, Vd.)	Sie stehen auf		(ellos, ellas, Vds.)	

Nicht alle Verben, die im Spanischen reflexiv sind, sind es auch im Deutschen, und umgekehrt (z. B. **levantarse** aufstehen, **irse** weggehen, **descansar** sich ausruhen).

34 Stellung

Das Reflexivpronomen steht (s. auch §§ 28, 31):

a
- **Me levanto** a las seis.
- Todavía **no nos vamos**.

- Ich stehe um 6 Uhr auf.
- Wir gehen noch nicht weg.

a vor dem Verb und hinter der Negation.

---

b
- Ya **se han despertado**, pero aún **no se han levantado**.

- Sie sind schon aufgewacht, aber sie sind noch nicht aufgestanden.

b bei zusammengesetzten Zeiten vor dem Hilfsverb und hinter der Negation.

---

c
- Hoy quiero **acostarme** temprano. (Hoy **me** quiero acostar temprano.)
- Van a **lavarse**. (Se van a lavar.)

- Heute möchte ich früh ins Bett gehen.
- Sie wollen sich waschen.

c hinter dem Infinitiv (in einem Wort) oder vor dem Hilfsverb.

---

d
- ¡**Siéntese**!

- Setzen Sie sich!

d hinter der bejahenden Imperativform (in einem Wort). Beachten Sie den Akzent!

---

e
- Ana ya está **lavándose**. (Ana ya **se** está lavando.)
- Estoy **afeitándome**. (**Me** estoy afeitando.)

- Ana ist schon dabei, sich zu waschen.
- Ich rasiere mich gerade.

e hinter dem Gerundium (in einem Wort) oder vor dem Hilfsverb. Beachten Sie den Akzent!

Demonstrativpronomen   **El pronombre demostrativo**

35 Este

	Singular		Plural	
maskulin	**este** bolígrafo	dieser Kugelschreiber hier	**estos** bolígrafos	diese Kugelschreiber hier
feminin	**esta** bicicleta	dieses Fahrrad hier	**estas** bicicletas	diese Fahrräder hier
neutral	**esto**	das hier		

– ¿Cuánto cuesta **este** bolígrafo? – 25 pesetas. – ¿Y **éste**? – 35 pesetas. – ¿Son baratas **estas** camisas? – **Ésta** es bonita y barata. – ¿Qué es **esto**?	– Wieviel kostet dieser Kugelschreiber hier? – 25 Peseten. – Und dieser hier? – 35 Peseten. – Sind diese Hemden billig? – Dieses hier ist hübsch und billig. – Was ist das hier?

Este bezieht sich auf alles, was in der Nähe des Sprechenden liegt.

Die männliche und die weibliche Form des Demonstrativpronomens stehen entweder beim Substantiv oder allein. Stehen sie allein, so können sie einen Akzent tragen (**éste, aquélla, ésos** usw.).

Este wird oft für Zeitangaben verwendet, z. B. **esta tarde** heute nachmittag; **este año** dieses Jahr (s. auch § 37a, **aquí**).

36 Aquel

	Singular		Plural	
maskulin	**aquel** vestido	jenes Kleid	**aquellos** vestidos	jene Kleider
feminin	**aquella** falda	jener Rock	**aquellas** faldas	jene Röcke
neutral	**aquello**	das dort		

– ¿Te gusta **aquel** vestido? – ¿**Aquél**? Sí, es muy bonito. Y **aquellas** blusas son también muy bonitas.	– Gefällt dir das Kleid dort? – Das dort? Ja, es ist sehr hübsch. Und auch die Blusen dort sind sehr hübsch.

Aquel bezieht sich auf alles, was weder in der Nähe des Sprechenden noch des Angesprochenen liegt (s. auch § 37a, **allí**).

37 Ese

	Singular		Plural	
maskulin	**ese** reloj	diese Uhr da	**esos** relojes	diese Uhren da
feminin	**esa** taza	diese Tasse da	**esas** tazas	diese Tassen da
neutral	**eso**	das da		

– ¿Cuánto quiere por **ese** reloj? – 600 pesetas. – ¿Y **ése**? ¿400? – ¡**Eso es**!	– Wieviel verlangen Sie für diese Uhr da? – 600 Peseten. – Und diese da? 400? – Genau das!

Ese bezieht sich auf alles,
a was in der Nähe, aber nicht greifbar ist;
b was sich in der Nähe des Angesprochenen befindet (nicht weit vom Sprechenden bzw. in der Nähe des Angesprochenen) (s. auch § 37a, **ahí**).

37a Lokaladverbien **aquí, allí, ahí**

– **Aquí** tengo una marca nueva de cigarrillos. – Pronto voy a París. Mi padre trabaja **allí**. – ¿Cuánto cuesta ese bolígrafo **ahí**?	– Hier habe ich eine neue Zigarettenmarke. – Bald gehe ich nach Paris. Dort arbeitet mein Vater. – Wieviel kostet dieser Kugelschreiber da?

Aquí bezieht sich auf alles, was sich in greifbarer Nähe des Sprechenden befindet (s. **este**, § 35).

Allí wird für alles verwendet, was weder in der Nähe des Sprechenden noch des Angesprochenen liegt (s. **aquel**, § 36).

Ahí bezieht sich 1. auf das, was sich in der Nähe des Sprechenden befindet, aber nicht greifbar ist; 2. auf das, was in der Nähe des Angesprochenen ist (s. **ese**, § 37).

Unbestimmtes Pronomen **El pronombre indefinido**

38 algo, nada

| algo | etwas | nada | nichts |

- ¿Quiere usted **algo** más?
- No, **no** quiero **nada** más.
- **Nada** pasará si tienes cuidado.

- Möchten Sie noch etwas?
- Nein, ich möchte nichts mehr.
- Nichts wird geschehen, wenn du vorsichtig bist.

Steht **nada** hinter dem Verb, so muß **no** vor dem Verb stehen.

39 alguien, nadie

| alguien | jemand | nadie | niemand |

- ¿Viene **alguien** esta tarde?
- No, **no** viene **nadie**.
- ¿Ha comprado **alguien** el pan?
- No, **nadie** lo ha comprado.
- ¿Has visto a **alguien**?
- No, **no** he visto a **nadie**.

- Kommt heute nachmittag jemand?
- Nein, es kommt niemand.
- Hat jemand das Brot gekauft?
- Nein, niemand hat es gekauft.
- Hast du jemanden gesehen?
- Nein, ich habe niemanden gesehen.

Alguien und **nadie** werden für Personen verwendet. Beide haben nur Singularform und sind nicht veränderlich.

Steht **nadie** hinter dem Verb, so muß **no** vor dem Verb stehen.

Sind **alguien, nadie** Akkusativobjekt, so muß die Präposition **a** davor stehen (s. § 7).

40 alguno, ninguno

alguno, alguna (de)	jemand (von)	**ninguno, ninguna (de)**	niemand (von)
alguno de esos lápices	(irgend)einer von diesen Bleistiften	**ninguna de estas corbatas**	keine von diesen Krawatten
algún hotel	(irgend)ein Hotel	**ningún estudiante**	kein Student
algunos, algunas (de)	einige von		

- ¿Ha llegado **alguno** de los chicos?
- No, **ninguno**.
- ¿Hay **alguna** biblioteca por aquí?
- No, aquí **no** hay **ninguna**.
- ¿Tienes **algún** libro español?
- No, **no** tengo **ningún** libro español.
- ¿**Alguno** de vosotros conoce Perú?
- No, **ninguno** de nosotros lo conoce.

- Ist einer der Jungen gekommen?
- Nein, keiner.
- Ist (irgend)eine Bibliothek hier in der Nähe?
- Nein, hier ist keine.
- Hast du (irgend)ein spanisches Buch?
- Nein, ich habe kein spanisches Buch.
- Kennt jemand von euch Peru?
- Nein, keiner von uns kennt es.

Alguno und **ninguno** werden für Personen und für Sachen gebraucht.

Vor einem Substantiv verlieren sie im Singular die Maskulin-Endung -o: **algún** (hotel), **ningún** (restaurante).

Ninguno wird sehr selten im Plural verwendet.

Steht **ninguno** hinter dem Verb, so muß **no** vor dem Verb stehen.

No tengo coche.
Paco no tiene dinero.
Aquí no hay hoteles.

Ich habe kein Auto.
Paco hat kein Geld.
Hier sind keine Hotels.

Dem deutschen Wort ‚kein' entspricht im Spanischen oft die Negation **no**.

41 todo

| **todo** | alles | **todo el** libro | das ganze Buch |
| **todos, todas** | alle | **todos los** niños | alle Kinder |

- **Todo** es distinto aquí.
- Pepe **lo** sabe **todo**.
- **Todo lo** sabe.
- **Todos** estaban muy contentos.
- Te he esperado **todo el** día.
- He limpiado **toda la** casa.
- ¿Conoces **todos los** países latinoamericanos?

- Alles ist anders hier.
- Pepe weiß alles.
- Er weiß alles.
- Alle waren sehr zufrieden.
- Ich habe den ganzen Tag auf dich gewartet.
- Ich habe das ganze Haus geputzt.
- Kennst du alle lateinamerikanischen Länder?

Todo *alles* kann als Neutrum gebraucht werden.
Als Akkusativobjekt muß das Pronomen **todo** durch den Artikel **lo** ergänzt werden.
Stehen **todo, toda, todos, todas** beim Substantiv, so muß der bestimmte Artikel gebraucht werden. Ausnahmen sind einige feste Verbindungen: **en todas partes** überall, **a todas horas** ständig, **de todos modos** jedenfalls.

42 cada, cada uno

| cada día | jeden Tag |
| cada uno (de ellos) | jeder (von ihnen) |

- Me levanto **cada** mañana a las siete.
- **Cada** día me alegro más de las vacaciones.
- **Cada uno de** ustedes ha ganado un premio.
- **Cada uno de** estos cuadros cuesta 200 dólares.

- Ich stehe jeden Morgen um 7 Uhr auf.
- Jeden Tag freue ich mich mehr über die Ferien.
- Jeder von Ihnen hat einen Preis gewonnen.
- Jedes dieser Bilder kostet 200 Dollar.

Cada ist undeklinierbar und steht immer beim Substantiv.

Cada uno steht allein. Folgt ein Substantiv oder Pronomen, so muß man die Präposition **de** hinzufügen.

Todo bezieht sich auf die Gesamtheit (Ausnahmen sind möglich).

Cada, cada uno betrifft die einzelnen Teile einer Gruppe (ohne Ausnahme).

Relativpronomen — El pronombre relativo

43 Que — der, die, das

- La chica **que** está allí es María.
- El coche **que** ves allí es nuevo.
- Los chicos **que** están allí en la esquina son Paco y Luis.
- Las chicas **que** ves allí son españolas.

- Das Mädchen, das da steht, ist Maria.
- Das Auto, das du dort siehst, ist neu.
- Die Jungen, die dort an der Ecke stehen, sind Paco und Luis.
- Die Mädchen, die du dort siehst, sind Spanierinnen.

Das häufigste Relativpronomen ist **que**. Es ist undeklinierbar und kann sich auf Personen oder Sachen beziehen, sowohl im Singular als auch im Plural.

44 Lo que — das, was

- Luisa apunta **lo que** quiere comprar.
- ¿Es eso **todo lo que** sabes?
- **Lo que** ha contado Pedro no es verdad.

- Luisa schreibt auf, was sie kaufen will.
- Ist das alles, was du weißt?
- Was Pedro erzählt hat, ist nicht wahr.

Lo que bzw. **todo lo que** entspricht den deutschen Relativpronomen *das, was* bzw. *alles, was*.

Possessivpronomen — El pronombre posesivo

45 Unbetonte Formen

		Besitz im Singular	Besitz im Plural
Singular	1	mi libro / casa	mis libros / casas
	2	tu bolso / maleta	tus bolsos / maletas
	3	su bolígrafo / tía	sus bolígrafos / tías
Plural	1	nuestro coche / nuestra pluma	nuestros coches / nuestras plumas
	2	vuestro hotel / vuestra hermana	vuestros hoteles / vuestras hermanas
	3	su cuaderno / cartera	sus cuadernos / carteras

Die Possessivpronomen bezeichnen den Besitz.

Die unbetonten Formen stehen immer vor dem Substantiv.

Beachte: *su bolígrafo* kann 6 verschiedene Bedeutungen haben: sein, ihr (Sing. fem.), ihr (Pl. mask. und fem.), Ihr (Sing. und Pl.) Kugelschreiber. Um Unklarheiten zu vermeiden, kann man hinzufügen: *su bolígrafo* **de él/de ella/de usted**... sein/ihr/Ihr Kugelschreiber...

46 Betonte Formen

Singular							Plural					
1	es mío	son míos	el mío	los míos			1	es nuestro	son nuestros	el nuestro	los nuestros
	mía	mías	la mía	las mías				nuestra	nuestras	la nuestra	las nuestras
2	es tuyo	tuyos	el tuyo	los tuyos			2	es vuestro	vuestros	el vuestro	los vuestros
	tuya	tuyas	la tuya	las tuyas				vuestra	vuestras	la vuestra	les vuestras
3	es suyo	suyos	el suyo	los suyos			3	suyo	suyos	el suyo	los suyos
	suya	suyas	la suya	las suyas				suya	suyas	la suya	las suyas

– Aquí están **mis** maletas, pero ¿dónde están **las tuyas**?
– ¿Tienes **mi** bolígrafo?
– No, éste es **mío**.
– Este bolso no es **mío**.
– ¿No es **suyo**? ¿De quién es?
– No sé. No es **mío**. **El mío** está aquí.
– Tengo dos libros **tuyos** aquí.
Muy señor **mío**:

– Hier sind meine Koffer, aber wo sind deine?
– Hast du meinen Kugelschreiber?
– Nein, das ist meiner.
– Diese Tasche gehört mir nicht.
– Gehört sie Ihnen nicht? Wem gehört sie denn?
– Ich weiß es nicht. Sie gehört mir nicht. Meine ist hier.
– Ich habe zwei Bücher von dir hier.
Sehr geehrter Herr!

Das betonte Possessivpronomen kann allein oder nach einem Substantiv stehen.

Steht es allein, so wird es meistens vom bestimmten Artikel begleitet. Nach dem Verb **ser** fehlt oft der Artikel.

Ser + betontes Possessivpronomen = gehören.

47 Fragepronomen und andere Fragewörter — Los pronombres y partículas interrogativos

– ¿**Qué** hay en la maleta?
– ¿En **qué** maleta?
– ¿**Cuántos** discos hay en el bolso?
– ¿**Cuántas** camisas hay en la maleta?
– ¿**Dónde** está Lima?
– ¿**Adónde** vas?
– ¿De **dónde** viene el tren?
– **Cómo** está usted?
– ¿**Quién** es esa chica?
– ¿**Quiénes** son esos chicos?
– ¿**Cuál** es la ciudad más importante de España?
– ¿**Por qué** va usted a París? (Porque ...)
– ¿**Cuánto** cuesta el disco?

– Was ist im Koffer?
– In welchem Koffer?
– Wieviele Schallplatten sind in der Tasche?
– Wieviele Hemden sind im Koffer?
– Wo liegt Lima?
– Wo gehst du hin?
– Wo kommt der Zug her?
– Wie geht es Ihnen?
– Wer ist dieses Mädchen?
– Wer sind diese Jungen?
– Welches ist die wichtigste Stadt Spaniens?
– Warum fahren Sie nach Paris? (Weil ...)
– Wieviel kostet die Schallplatte?

Qué kann sich auf Personen oder auf Sachen beziehen. Es ist undeklinierbar und steht allein oder beim Substantiv, Adjektiv usw.

Quién, quiénes werden nur für Personen gebraucht.
Mit **cuál** (Pl. **cuáles**) wird eine Auswahl unter mehreren Personen oder Sachen getroffen.

Beachte folgende Sätze:

– ¿A **cuántos** estamos?
– ¿A **cuánto** están las gambas?
– Pregunte al guardia **dónde** está el hotel.
– No sé **cómo** se llama tu novia.
– Tú no sabes **cuánto** cuesta.
– Antonia no dice **adónde** va.

– Den wievielten haben wir heute?
– Wieviel kosten heute die Krabben?
– Fragen Sie den Polizisten, wo das Hotel ist.
– Ich weiß nicht, wie deine Freundin heißt.
– Du weißt nicht, wieviel es kostet.
– Antonia sagt nicht, wohin sie geht.

Alle Fragewörter tragen einen Akzent, auch in indirekten Fragesätzen.

Die Verben   Los verbos

48 Hay   es gibt

– En la maleta **hay** un disco.
– Aquí no **hay** hoteles.
– ¿**Hay** hoy algo bueno para comer?
– ¿**Hay** pan en casa?
– En el bolso **hay** tres libros.

– Im Koffer ist eine Schallplatte.
– Hier sind keine Hotels.
– Gibt es heute etwas Gutes zum Essen?
– Ist etwas Brot im Hause?
– In der Tasche sind drei Bücher.

Hay wird nicht konjugiert. Es steht beim Substantiv ohne Artikel oder mit unbestimmtem Artikel sowie vor Zahlen und unbestimmten Pronomen (**hay** von **haber** s. § 78).

49a Es   er, sie, es ist; Sie sind (Sing.)

– ¿Qué **es** esto?	– Was ist das?
– **Es** un libro.	– Das ist ein Buch.
– ¿Quién **es** ese chico?	– Wer ist dieser Junge?
– **Es** Carlos.	– Es ist Carlos.
– **Es** mecánico.	– Er ist Mechaniker.
– ¿**Es** usted español?	– Sind Sie Spanier?
– ¿Cuánto **es**?	– Wieviel macht das bitte?

(**Es, son** von **ser** s. § 90)
(s. auch §§ 98, 99, 100)

49b Son   sie, Sie sind

– ¿Quiénes **son** esas chicas?	– Wer sind diese Mädchen?
– **Son** Carmen y Luisa.	– Es sind Carmen und Luisa.
– **Son** camareras.	– Sie sind Kellnerinnen.
– ¿Ustedes **son** de Madrid?	– Sind Sie aus Madrid?
– **Son** doce pesetas.	– Das macht zwölf Peseten.

50a Está   er, sie, es ist (liegt, befindet sich); Sie sind (befinden sich, Sing.)

– La camisa **está** en la maleta.	– Das Hemd ist im Koffer.
– ¿Dónde **está** tu hotel?	– Wo ist dein Hotel?
– **Está** en la plaza de Colón.	– Es ist am Kolumbus-Platz.
– ¿**Está** lejos de aquí ese museo?	– Ist dieses Museum weit von hier?
– Lima **está** en Perú.	– Lima ist in Peru.
– No **está** en España.	– Es liegt nicht in Spanien.
– ¿Cómo **está** usted?	– Wie geht es Ihnen?
– Bien, gracias.	– Danke, gut.

Está, están wird beim bestimmten Artikel, mit Possessiv- oder Demonstrativpronomen verwendet (s. **estar** § 77).

Beachten Sie: Das Personalpronomen als Subjekt wird im Spanischen selten gebraucht (s. § 25).
(s. auch §§ 100, 101)

50b Están   sie, Sie sind (befinden sich)

– Sevilla y Granada **están** en Andalucía.	– Sevilla und Granada liegen in Andalusien.
– Las chicas **están** en el cine.	– Die Mädchen sind im Kino.
– **Están** bien.	– Sie fühlen sich wohl.
– ¿Cómo **están** ustedes?	– Wie geht es Ihnen?
– Bien, gracias.	– Danke, gut.

Präsens El presente

Nach ihrer Infinitivendung werden die spanischen Verben in 3 Gruppen (Konjugationen) eingeteilt.

	51 I. Verben auf **-ar**	**52** II. Verben auf **-er**	**53** III. Verben auf **-ir**
	hablar sprechen	**comer** essen	**vivir** leben, wohnen
S 1 yo	hablo	como	vivo
2 tú	hablas	comes	vives
3 él / ella / usted	habla	come	vive
P 1 nosotros, -as	hablamos	comemos	vivimos
2 vosotros, -as	habláis	coméis	vivís
3 ellos / ellas / ustedes	hablan	comen	viven

Bei folgenden Personen liegt die Betonung auf dem Stamm: Sing. 1, 2, 3; Pl. 3 (die Pünktchen weisen auf die Betonung hin).
Beachten Sie: Das Personalpronomen fällt oft aus.
Nur wenn die Person betont werden soll, darf es nicht fehlen (s. § 25).

Andere Verben auf **-ar**:
llevar hinbringen
entrar hinein-, hereingehen
trabajar arbeiten
ganar verdienen, gewinnen
tomar nehmen
exportar ausführen

Andere Verben auf **-er**:
vender verkaufen
beber trinken
leer lesen
comprender verstehen
correr laufen, rennen

Andere Verben auf **-ir**:
escribir schreiben
recibir bekommen
subir hinaufgehen, heraufkommen

Die Mehrzahl der Verben endet auf **-ar**.
Eine kleinere Gruppe endet auf **-er**.
Nur sehr wenige Verben enden auf **-ir**.

Verben mit Diphthong — Verbos con diptongo

54 -ar **55** -er **56** -ir

e > ie

cerrar schließen | **querer** wollen, lieben | **preferir** vorziehen

cierro	cerramos
cierras	cerráis
cierra	cierran

quiero	queremos
quieres	queréis
quiere	quieren

prefiero	preferimos
prefieres	preferís
prefiere	prefieren

Bei einigen Verben mit regelmäßigen Endungen verändert sich der Stamm.

Der Vokal **e** wird bei den stammbetonten Formen zum Diphthong **ie**.

Weitere Verben dieser Gruppe:

empezar beginnen
pensar denken
despertarse aufwachen
sentarse sich setzen

tener haben, besitzen
(außer: **tengo** ich habe, s. § 91)
entender verstehen
perder verlieren

venir kommen
(außer: **vengo** ich komme, s. § 93)
sentir bedauern; fühlen

o > ue

encontrar finden | **poder** können, dürfen | **dormir** schlafen

encuentro	encontramos
encuentras	encontráis
encuentra	encuentran

puedo	podemos
puedes	podéis
puede	pueden

duermo	dormimos
duermes	dormís
duerme	duermen

Der Vokal **o** wird bei den stammbetonten Formen zum Diphthong **ue**.

Weitere Verben dieser Gruppe:

almorzar zu Mittag essen
costar kosten
contar (er)zählen
acostarse sich ins Bett legen
acordarse (de) sich erinnern (an)
sonar klingeln

volver zurück-, wiederkommen
llover; llueve es regnet
doler weh tun

morir(se) sterben

u > ue Nur: **jugar** spielen **juego, juegas, juega, jugamos, jugáis, juegan**

Gerundium — El gerundio

57 Verben auf **-ar** (Stamm + **ando**)

| El chico **está mirando** la tele. | Der Junge sieht gerade fern. |

Die Verlaufsform (Gerundium + Präsens von **estar**) bezeichnet eine Handlung, die gerade vor sich geht: **estar jugando** gerade spielen (dabei sein zu spielen).

58a Verben auf **-er** (Stamm + **iendo**)

| **Estoy comiendo** un bocadillo. | Ich esse gerade ein belegtes Brot. |

58b Verben auf **-ir** (Stamm + **iendo**)

| Carmen **está escribiendo** una postal. | Carmen ist dabei, eine Postkarte zu schreiben. |

Beachte: -i- zwischen Vokalen wird zu -y-:
leer lesen **leyendo**
construir bauen **construyendo**

59 **Voy a leer**

voy a escribir ich werde schreiben	**vamos a escribir**
vas a escribir	**vais a escribir**
va a escribir	**van a escribir**

Eine Handlung, die in der nahen Zukunft stattfinden wird, drückt man oft mit Präsens von **ir** + **a** + Infinitiv aus.

Voy a escribir las cartas.	Ich werde die Briefe (nachher) schreiben.
Ana **va a volver** esta tarde.	Ana wird heute nachmittag zurückkommen.
Va a llover.	Es wird (gleich) regnen.
Luisa y Emilia **van a preparar** la comida.	Luisa und Emilia werden das Mittagessen (gleich) vorbereiten.

Perfekt   **El perfecto**

60 -ar	**61a** -er	**61b** -ir
Stamm + **ado** = **comprado**	Stamm + **ido** = **comido**	Stamm + **ido** = **venido**

he comprado ich habe gekauft	he comido ich habe gegessen	he venido ich bin gekommen
has comprado	has comido	has venido
ha comprado	ha comido	ha venido
hemos comprado	hemos comido	hemos venido
habéis comprado	habéis comido	habéis venido
han comprado	han comido	han venido

Man bildet das Perfekt mit dem Präsens von **haber** (s. § 78) + Partizip Perfekt des Hauptverbs.

Das Perfekt wird vor allem für abgeschlossene Handlungen in Verbindung mit Zeitangaben wie **hoy**, **este año** usw. verwendet.

Esta mañana Juan **ha comprado** un coche. Juan hat heute früh ein Auto gekauft.	Hoy no **he comido** nada. Heute habe ich nichts gegessen.	– ¿Ya **ha venido** Pedro? – Ist Pedro schon gekommen? – Sí, **ha venido** esta mañana. – Ja, er ist heute früh gekommen.

61c Unregelmäßiges Partizip bei einigen häufig gebrauchten Verben

abrir	**abierto**	freír	**frito**	resolver	**resuelto**
decir	**dicho**	hacer	**hecho**	romper	**roto**
devolver	**devuelto**	morir	**muerto**	ver	**visto**
escribir	**escrito**	poner	**puesto**	volver	**vuelto**

62 **Acabar de** + Infinitiv

– **Acabamos de comprar** un piso.	Wir haben soeben eine Wohnung gekauft.
– **Acabo de recibir** tu carta.	Ich habe eben deinen Brief erhalten.
– **Acaban de salir**.	Sie sind gerade weggegangen.

Präsens von **acabar** + **de** + Infinitiv entspricht der deutschen Wendung „gerade etwas getan haben".

63 Plusquamperfekt   **El pluscuamperfecto**

-ar   -er   -ir

había comprado ich hatte gekauft	había comido ich hatte gegessen	había venido ich war gekommen
habías comprado	habías comido	habías venido
había comprado	había comido	había venido
habíamos comprado	habíamos comido	habíamos venido
habíais comprado	habíais comido	habíais venido
habían comprado	habían comido	habían venido

Man bildet das Plusquamperfekt mit dem Imperfekt von **haber** (s. § 78) und dem Partizip Perfekt des Hauptverbs.

Historische Vergangenheit   **El indefinido**

64 -ar	**65a** -er	**65b** -ir
entrar	comer	escribir

entré ich ging hinein	comí ich aß	escribí ich schrieb
entraste	comiste	escribiste
entró	comió	escribió
entramos	comimos	escribimos
entrasteis	comisteis	escribisteis
entraron	comieron	escribieron

Bei der historischen Vergangenheit liegt die Betonung auf der Endung. Bei mehreren häufig gebrauchten Verben ist diese Zeit unregelmäßig: der Stamm verändert sich. S. Liste der unregelmäßigen Verben.

Die historische Vergangenheit bezeichnet eine begrenzte und abgeschlossene Handlung in der Vergangenheit. Sie wird gebraucht

a Ayer, a las 9 de la mañana, una mujer **entró** en el museo y **robó** un cuadro. Después **fue** al aeropuerto, **compró** un pasaje y **tomó** el avión a Madrid. Allí **llegó** a la 1,15 y **cambió** de avión.	Gestern um 9 Uhr früh ging eine Frau ins Museum und stahl ein Bild. Anschließend fuhr sie zum Flughafen, kaufte eine Flugkarte und flog nach Madrid. Dort kam sie um 1.15 Uhr an und stieg in ein anderes Flugzeug um.	**a** in Erzählungen mit einzelnen, abgeschlossenen Ereignissen, die aufeinander folgen („zuerst geschah das, dann das..."). Beachte: die Dauer spielt keine Rolle; wichtig ist nur, daß Beginn und Ende der Handlung erfaßt werden;
b Las chicas **llegaron** a la una. Ayer **cené** en casa de un amigo. La semana pasada Carlos se **marchó**.	Die Mädchen kamen um 1 Uhr an. Gestern aß ich bei einem Freund zu Abend. Vorige Woche ging Carlos weg.	**b** in Erzählungen mit Ereignissen, die zu einem bestimmten Zeitpunkt stattgefunden haben („um 1 Uhr, gestern, letztes Jahr...");
c **Vivieron** allí cinco años. Colombia **perteneció** a España durante más de dos siglos.	Sie lebten fünf Jahre dort. Kolumbien gehörte mehr als zwei Jahrhunderte zu Spanien.	**c** um etwas auszudrücken, was in einer begrenzten Zeitspanne war, geschah oder vor sich ging („innerhalb von 5 Jahren...");
d Estaba en la calle cuando de repente **llegó** un joven y me **quitó** el bolso.	Ich war auf der Straße, als plötzlich ein junger Mann kam und mir die Tasche entriß.	**d** für eine plötzlich neu eintretende Handlung. S. § 66: a;
e Pepe me **preguntó** cuatro veces si le podía prestar dinero, y cuatro veces le **contesté** que no tenía.	Viermal fragte mich Pepe, ob ich ihm Geld leihen könne, und viermal antwortete ich ihm, ich hätte keines.	**e** für eine Wiederholung, die abgeschlossen ist.

65c Unregelmäßiger Indefinido bei einigen häufig gebrauchten Verben

caer	(yo) caí	(él) cayó	haber	(yo) hube	(él) hubo	oír	(yo) oí	(él) oyó	saber	(yo) supe	(él) supo
construir	construí	construyó	hacer	hice	hizo	poder	pude	pudo	tener	tuve	tuvo
dar	di	dio	ir	fui	fue	poner	puse	puso	traer	traje	trajo
decir	dije	dijo	ser	fui	fue	producir	produje	produjo	venir	vine	vino
estar	estuve	estuvo	morir		murió	querer	quise	quiso	ver	vi	vio

Imperfekt **El imperfecto**

66 -ar   **67a** -er   **67b** -ir

estar   tener   vivir

estaba ich war, befand mich	tenía ich hatte	vivía ich lebte
estabas	tenías	vivías
estaba	tenía	vivía
estábamos	teníamos	vivíamos
estabais	teníais	vivíais
estaban	tenían	vivían

Beim regelmäßigen Imperfekt liegt die Betonung auf der Endung. (Die Pünktchen weisen auf die Betonung hin.)

Nur die Verben **ser** § 90, **ir** §80, **ver** § 94 haben ein unregelmäßiges Imperfekt.

Das Imperfekt bezeichnet einen Zustand, einen Vorgang oder eine Handlung in der Vergangenheit, ohne Beginn und Ende zu kennzeichnen. Es wird gebraucht

a **Llovía** cuando salí a la calle. Juan **estaba** leyendo cuando entré.	Es regnete, als ich auf die Straße ging. Juan las gerade, als ich hineinging.	**a** um etwas zu erzählen, was vor sich ging, als etwas anderes eintrat;
b El joven **era** alto, **tenía** el pelo rubio y **llevaba** un traje gris. Antes Benito **vivía** en Madrid, pero ahora vive en París.	Der junge Mann war groß, hatte blondes Haar und trug einen grauen Anzug. Benito wohnte früher in Madrid, aber jetzt wohnt er in Paris.	**b** um zu beschreiben, wie jemand oder etwas war, aussah;

c Antes **trabajaba** todos los días en la terraza.	Früher arbeitete ich jeden Tag auf der Terrasse.	c für wiederholte und zeitlich nicht deutlich begrenzte Handlungen oder Gewohnheiten;
Antes **iba** siempre en autobús al trabajo, pero ahora voy en metro.	Früher fuhr ich immer mit dem Bus zur Arbeit, jetzt fahre ich mit der U-Bahn.	
Ahora me levanto a las 7, pero cuando **iba** en autobús **me levantaba** a las 6.	Jetzt stehe ich um 7 Uhr auf, aber als ich noch mit dem Bus fuhr, stand ich um 6 Uhr auf.	

d Los niños **jugaban** mientras nosotros **hablábamos**.	Die Kinder spielten, während wir sprachen.	d für parallel verlaufende und nicht abgeschlossene Handlungen.
Ella **estaba** escribiendo, pero los demás **estaban** viendo la televisión.	Sie schrieb, aber die anderen sahen fern.	

Imperativ   El imperativo

68   tú, vosotros

	mirar	cerrar	comer	volver	subir	dormir	
S	mira	cierra	come	vuelve	sube	duerme	Diese bejahenden Befehlsformen werden für Personen gebraucht, die man duzt.
P	mirad	cerrad	comed	volved	subid	dormid	

¡**Mira**! Sieh' mal!   ¡**Oye**! Hör mal!   ¡**Toma**! Bitte schön! (Nimm!)

69   usted, ustedes

	-ar		-er		-ir		
S	mire	cierre	coma	vuelva	suba	duerma	Diese Befehlsformen sind mit der 3. Person Singular und Plural des Konjunktiv Präsens identisch.
P	miren	cierren	coman	vuelvan	suban	duerman	

– ¡Pregunte a un guardia!	(preguntar)	– Fragen Sie einen Polizisten!	Die Befehlsformen einiger unregelmäßiger Verben werden oft in Höflichkeitswendungen gebraucht. (Sehen Sie in der Liste der unregelmäßigen Verben nach und vergleichen Sie dort Präsens und Imperativ. Ist ein Verb in der 1. Pers. Sing. Präsens unregelmäßig, so taucht oft die gleiche Unregelmäßigkeit im Imperativ auf.) Steht ein Personalpronomen im Dativ oder Akkusativ bei der bejahten Befehlsform, so wird es an den Imperativ angehängt. Beachten Sie den Akzent! (§§ 28d, 31 d, 34 d).
– ¡Tenga 10 pesetas!	(tener)	– Nehmen Sie (Hier sind) 10 Peseten!	
– ¡Déme dos sellos!	(dar)	– Geben Sie mir zwei Briefmarken!	
– ¡Dígame!	(decir)	– Hallo! (am Telefon)	
– ¡Oiga!	(oír)	– Hallo! (zu Unbekannten auf der Straße)	
– ¡Diga!	(decir)	– Ja, bitte?	
– ¡Póngame un kilo!	(poner)	– Geben Sie mir ein Kilo!	
– Haga el favor de ...	(hacer)	– Tun Sie mir den Gefallen und ...	
– ¡Tráigame una cerveza!	(traer)	– Bringen Sie mir ein Bier!	
– ¡Siéntese!	(sentarse)	– Setzen Sie sich! (Sing.)	
– ¡Siéntense!	(sentarse)	– Setzen Sie sich! (Pl.)	
– ¡Escríbalo!	(escribir)	– Schreiben Sie es!	
– ¡Vaya al campo!	(ir)	– Gehen Sie aufs Land!	
– ¡Permítame!	(permitir)	– Erlauben Sie mir!	
– ¡Pase usted!	(pasar)	– Treten Sie ein!	

– ¿Puedo abrir esta ventana?	– Darf ich dieses Fenster öffnen?	Bei der verneinten Befehlsform steht das Pronomen vor dem Verb und hinter der Negation.
– No, no la abra usted.	– Nein, öffnen Sie es nicht.	

Liste der unregelmäßigen Verben

Presente   *Gerundio*   *Indefinido*   *Participio*   *Perfecto*   *Imperfecto*

70 abrir öffnen

| abro
abres | abriendo | abrí | abierto

Pluscuamperfecto
había abierto | he abierto | abría |

71 caer fallen

| caigo
caes | cayendo | caí
caíste
cayó
caímos
caísteis
cayeron | caído

Pluscuamperfecto
había caído | he caído | caía
caías
caía
caíamos
caíais
caían |

A la mujer se le cayó el cuadro. Die Dame ließ das Bild fallen.

Veränderung *i-y* s. § 58 b.

72 conocer kennen, kennenlernen

| conozco
conoces | conociendo | conocí | conocido

Pluscuamperfecto
había conocido | he conocido | conocía |

¡Claro que lo conozco! Sicher kenne ich ihn!

73 construir bauen

| construyo
construyes
construye
construimos
construís
construyen | construyendo | construí | construido

Pluscuamperfecto
había construido | he construido | construía
construías
construía
construíamos
construíais
construían |

Veränderung *i-y* s. § 58 b.

74 dar geben

| doy
das
da
damos
dais
dan | dando

Imperativo
(usted/es)
dé
den | di
diste
dio
dimos
disteis
dieron | dado

Pluscuamperfecto
había dado | he dado | daba
dabas
daba
dábamos
dabais
daban |

dar clase unterrichten

darse cuenta de algo etwas merken

dar una vuelta eine Runde machen

Déme un "ABC". Geben Sie mir bitte eine „ABC".

75 decir sagen

| digo
dices
dice
decimos
decís
dicen | diciendo

Imperativo
(usted/es)
diga
digan | dije
dijiste
dijo
dijimos
dijisteis
dijeron | dicho

Pluscuamperfecto
había dicho | he dicho | decía
decías
decía
decíamos
decíais
decían |

¡Dígame! Hallo! (am Telefon)

¡Diga! Ja, bitte?

Presente	Gerundio	Indefinido	Participio	Perfecto	Imperfecto

76 escribir schreiben

escribo	escribiendo	escribí	escrito	he escríto	escribía
escribes					
			Pluscuamperfecto		
			había escrito		

77 estar sein, sich befinden, liegen

estoy	estando	estuve	estado	he estado	estaba
estás		estuviste			estabas
está		estuvo	*Pluscuamperfecto*		estaba
estamos		estuvimos	había estado		estábamos
estáis		estuvisteis			estabais
están		estuvieron			estaban

¿A cuántos estamos? Den wievielten haben wir heute?

Está a 30 kilómetros de aquí. Es liegt 30 km von hier entfernt.

estar s. §§ 50, 97, 99-101.

78 haber haben (nur Hilfsverb: he comprado, ich habe gekauft)

he			habido		había
has					habías
ha, **hay**					había
hemos					habíamos
habéis					habíais
han					habían

hay s. § 48.

hay que + Infinitiv = man muß

Hay que sacar reserva. Man muß eine Platzkarte kaufen.

Hay dos discos en la mesa. Auf dem Tisch liegen zwei Schallplatten.

Había mucha gente allí. Es gab viele Menschen dort.

No hay de qué. Keine Ursache.

79 hacer machen

hago	haciendo	hice	hecho	he hecho	hacía
haces		hiciste			hacías
hace	*Imperativo*	hizo	*Pluscuamperfecto*		hacía
hacemos	(usted/es)	hicimos	había hecho		hacíamos
hacéis	haga	hicisteis			hacíais
hacen	hagan	hicieron			hacían

hace + Zeitangabe = vor

Pasó hace una semana. Es geschah vor einer Woche.

Hace buen tiempo. Es ist schönes Wetter.

Hace frío. Es ist kalt.

¿Qué hace su marido? Was macht Ihr Mann?

Hace diez grados bajo cero. Es sind zehn Grad unter Null.

Hace sol. Die Sonne scheint.

Hago transbordo aquí. Ich steige hier um.

Hace calor. Es ist warm.

Hace viento/aire. Es ist windig.

Haga el favor de ... Tun Sie mir den Gefallen und ...

80 ir gehen, reisen irse weggehen, sich auf den Weg machen

voy (me voy)	yendo	fui	ido	he ido	iba
vas		fuiste		(me he ido)	ibas
va	*Imperativo*	fue	*Pluscuamperfecto*		iba
vamos	(usted/es)	fuimos	había ido		íbamos
vais	vaya (váyase)	fuisteis			ibais
van	vayan (váyanse)	fueron			iban

ir en autobús mit dem Bus fahren
ir en bicicleta mit dem Fahrrad fahren
ir en avión fliegen
ir en coche mit dem Auto fahren

ir en moto mit dem Motorrad fahren
ir en metro mit der U-Bahn fahren
ir a pie zu Fuß gehen
¡Vamos! Laßt uns gehen!

Vamos a preparar la comida. Wir wollen das Essen machen.

Presente	Gerundio	Indefinido	Participio	Perfecto	Imperfecto

81 morir(se) sterben

(se) muere		(se) murió	muerto	

s. auch § 56.

82 oír hören

oigo	oyendo	oí	oído	he oído	oía
oyes	*Imperativo*	oíste			oías
oye	(tú) (Ud.)	oyó	*Pluscuamperfecto*		oía
oímos	oye oiga	oímos	había oído		oíamos
oís	(vosotros) (Uds.)	oísteis			oíais
oyen	oíd oigan	oyeron			oían

Oye! Hör mal! Hör zu!
Oiga! Hallo! Hören Sie! Hören Sie zu!

Veränderung *i-y*
s. § 58 b.

83 poder können, dürfen

puedo	pudiendo	pude	podido	he podido	podía
puedes		pudiste			podías
puede		pudo	*Pluscuamperfecto*		podía
podemos		pudimos	había podido		podíamos
podéis		pudisteis			podíais
pueden		pudieron			podían

s. auch § 55.

84 poner setzen, stellen, legen

pongo	poniendo	puse	puesto	he puesto	ponía
pones		pusiste			ponías
pone	*Imperativo*	puso	*Pluscuamperfecto*		ponía
ponemos	(usted/es)	pusimos	había puesto		poníamos
ponéis	ponga	pusisteis			poníais
ponen	pongan	pusieron			ponían

poner la mesa den Tisch decken
poner una tienda ein Geschäft aufmachen
poner una película einen Film zeigen

ponerse triste traurig werden
ponerse en la cola sich anstellen

Póngame... Geben Sie mir bitte...
Aquí pone que... Hier steht, daß...

85 producir herstellen

produzco	produciendo		producido	he producido	producía
produces					

Se produce el jerez en Jerez de la Frontera. Sherrywein wird in Jerez de la Frontera hergestellt. s. § 96.

86 querer wollen, wünschen, lieben

quiero	queriendo	quise	querido	he querido	quería
quieres		quisiste			querías
quiere		quiso	*Pluscuamperfecto*		quería
queremos		quisimos	había querido		queríamos
queréis		quisisteis			queríais
quieren		quisieron			querían

Quisiera... Ich möchte...

Queridos padres y hermanos: Liebe Eltern und Geschwister!
s. auch § 55.

87 romper brechen, zerbrechen

rompo	rompiendo	rompí	roto	he roto	rompía

La taza está rota. Die Tasse ist kaputt. s. § 99.

Presente	Gerundio	Indefinido	Participio	Perfecto	Imperfecto

88 saber wissen, können

sé	sabiendo	supe	sabido	he sabido	sabía
sabes		supiste			sabías
sabe		supo	*Pluscuamperfecto*		sabía
sabemos		supimos	había sabido		sabíamos
sabéis		supisteis			sabíais
saben		supieron			sabían

saber cocinar kochen können

saber nadar schwimmen können

89 salir gehen, ausgehen, abfahren

salgo	*Imperativo*	salí	salido	he salido	salía
sales	(usted/es)	saliste			salías
sale	salga	salió	*Pluscuamperfecto*		salía
	salgan		había salido		

El tren sale para Málaga. Der Zug fährt nach Malaga ab.

Salgo de casa a las ocho. Ich gehe um 8 Uhr aus dem Haus.

90 ser sein

soy	siendo	fui	sido	he sido	era
eres		fuiste			eras
es	*Imperativo*	fue	*Pluscuamperfecto*		era
somos	(usted/es)	fuimos	había sido		éramos
sois	sea	fuisteis			erais
son	sean	fueron			eran

Soy yo. Ich bin es.

– *¿Cuánto es?* – Wieviel macht das?

– *Son 50 pesetas.* – Es sind 50 Peseten.

s. §§ 49, 98–100.

91 tener haben, besitzen   tener que müssen

tengo	teniendo	tuve	tenido	he tenido	tenía
tienes		tuviste			tenías
tiene	*Imperativo*	tuvo	*Pluscuamperfecto*		tenía
tenemos	(usted/es)	tuvimos	había tenido		teníamos
tenéis	tenga	tuvisteis			teníais
tienen	tengan	tuvieron			tenían

tener que + Infinitiv = müssen

Tenemos que estudiar. Wir müssen lernen.

s. auch § 55.

Luisa tiene 19 años. Luisa ist 19 Jahre alt.

Ten cuidado del niño. Paß auf das Kind auf.

¿Tienes ganas de trabajar? Hast du Lust zu arbeiten?

Tengo frío. Mir ist kalt.

Tengo calor. Mir ist warm.

Tengo sueño. Ich bin müde.

Carlos tiene mucha prisa. Carlos hat es sehr eilig.

Carmen tiene razón. Carmen hat recht.

¡Tenga! Nehmen Sie! Bitte schön!

92 Traer herbringen, bei sich tragen

traigo	trayendo	traje	traído	he traído	traía
traes		trajiste			traías
trae	*Imperativo*	trajo	*Pluscuamperfecto*		traía
traemos	(usted/es)	trajimos	había traído		traíamos
traéis	traiga	trajisteis			traíais
traen	traigan	trajeron			traían

¡Tráigame una cerveza, por favor! Bringen Sie mir bitte ein Bier!

Veränderung *i-y*
s. § 58 b.

93 venir herkommen

vengo	viniendo	vine	venido	he venido	venía
vienes		viniste			venías
viene	*Imperativo*	vino	*Pluscuamperfecto*		venía
venimos	(usted/es)	vinimos	había venido		veníamos
venís	venga	vinisteis			veníais
vienen	vengan	vinieron			venían

¿Por qué no vienes a casa un día? Warum kommst du uns nicht einmal besuchen?

¡Ya vengo! Ich komme schon!

s. auch § 56.

Presente	Gerundio	Indefinido	Participio	Perfecto	Imperfecto

94 ver sehen   verse sich treffen

veo	viendo	vi	visto	he visto	veía
ves		viste			veías
ve	*Imperativo*	vio	*Pluscuamperfecto*		veía
vemos	(usted/es)	vimos	había visto		veíamos
veis	vea	visteis			veíais
ven	vean	vieron			veían

A ver si sabes... Mal sehen, ob Du weißt...
Nos vemos a las 10. Wir treffen uns um 10 Uhr.

95 volver zurückkommen, wiederkommen

vuelvo	volviendo	volví	vuelto	he vuelto	volvía
vuelves		volviste			volvías
vuelve	*Imperativo*	volvió	*Pluscuamperfecto*		volvía
volvemos	(usted/es)	volvimos	había vuelto		volvíamos
volvéis	vuelva	volvisteis			volvíais
vuelven	vuelvan	volvieron			volvían

s. auch § 55.

96 Man spricht   Se habla

Aquí no **se puede** respirar.	Hier kann man nicht atmen.	Die reflexive Form des Verbs in der 3. Person Sing. oder Pl. entspricht oft den deutschen Ausdrücken „man spricht", „man kann" usw.
No **se oye** bien.	Man kann nicht gut hören.	
Se habla español.	Man spricht Spanisch.	
Se exporta mucho vino.	Man exportiert viel Wein.	Das reflexive Verb steht im Singular, wenn es sich um eine einzelne Sache oder einen Kollektivbegriff, im Plural, wenn es sich um mehrere Sachen handelt.
Se exportan naranjas.	Man exportiert Apfelsinen.	

Gebrauch von ser und estar

97 Estar

Sevilla **está** en Andalucía.	Sevilla liegt in Andalusien.
Carlos **está** en la cocina.	Carlos ist in der Küche.
La moto **está** delante de la casa.	Das Motorrad steht vor dem Haus.

Estar = sein, liegen, stehen.

– ¿Cómo **está** usted?	– Wie geht es Ihnen?
– **Estoy** muy bien, gracias, ¿y usted?	– Es geht mir sehr gut, danke, und Ihnen?
– Pues, muy bien.	– Nun, sehr gut.

Estar = sich befinden, sich fühlen.
(**estar** + Gerundium: §§ 57, 58)

– ¿Desde cuándo **estás** aquí?   – Wie lange bist du schon hier?
(= ¿Cuánto tiempo **llevas** aquí?)
– **Llevo** ya dos años en México.   – Ich bin schon seit zwei Jahren in Mexiko.
(= **Estoy** desde hace dos años en México.)

98 Ser

Antonia **es** cocinera.	Antonia ist Köchin. (Beruf)
Es la hermana de Juan.	Sie ist Juans Schwester. (Verwandtschaft)
– ¿Qué **es** eso?	– Was ist das?
– **Es** un disco.	– Das ist eine Schallplatte. (Erklärung)
Hoy **es** domingo.	Heute ist Sonntag. (Wochentag)
Es el 19 de julio.	Es ist der 19. Juli. (Datum)
Son las once.	Es ist elf Uhr. (Uhrzeit)
Mi mujer **es** española.	Meine Frau ist Spanierin. (Nationalität)
Es de Granada.	Sie ist aus Granada. (Herkunft)

Ser wird vor Substantiven oder substantivisch gebrauchten Wörtern verwendet.

Mit **ser** werden Beruf, Verwandtschaft, Religion, Staatsangehörigkeit, Tag, Uhrzeit usw. angegeben.

99 Ser oder estar vor Adjektiven

Vor Adjektiven steht **ser** oder **estar**. Der Gebrauch von **ser** bzw. **estar** hängt von dem ab, was ausgedrückt werden soll und von der persönlichen Absicht des Sprechers.

La chica **es** muy alta. **Es** morena. **Es** muy simpática. Su maleta **es** negra. **Es** grande y larga.	Das Mädchen ist sehr groß. (Aussehen) Sie ist dunkelhaarig. (Aussehen) Sie ist sehr nett. (Charakter) Ihr Koffer ist schwarz. (Farbe) Er ist groß und lang. (Form)	**Ser** + Adjektiv: charakteristische Eigenschaften einer Person oder einer Sache.

El vaso **está** limpio. Los platos **están** sucios. La paella que han hecho las chicas **está** muy rica. **Está** estupenda. ¿Quién ha puesto azúcar en mi café? **Está** muy dulce. Este café **está** frío. El amigo de Tomás **está** muy contento. El ciclista **está** cansado.	Das Glas ist sauber. (Jemand hat es gespült.) Die Teller sind schmutzig. (Man hat aus ihnen gegessen.) Die Paella, die die Mädchen gemacht haben, ist sehr gut. Sie ist ausgezeichnet. (Die Mädchen haben das Gericht zubereitet.) Wer hat Zucker in meinen Kaffee getan? Er ist sehr süß. Dieser Kaffee ist kalt. (Er ist kalt geworden.) Tomás Freund ist sehr froh. (Etwas hat ihn glücklich gemacht.) Der Radfahrer ist müde. (Er ist lange gefahren.)	**Estar** + Adjektiv: **a** vorübergehende oder als zufällig empfundene Eigenschaft; **b** Ergebnis einer Veränderung.

100 Ser und estar (Bedeutungsänderung)

Vergleichen Sie die verschiedenen Bedeutungen von **ser** und **estar** vor gleichen oder ähnlichen Adjektiven.

El cielo **es** azul. ¡Mira qué gris **está** el cielo!	Der Himmel ist blau. Schau mal, wie grau der Himmel ist!	(**ser**: etwas Charakteristisches für den Himmel) (**estar**: der Himmel ist grau geworden)

Hoy he visto a Carlos. ¡Qué alto **está**! Mi hermano **es** muy alto.	Heute habe ich Carlos gesehen. Wie groß er ist! Mein Bruder ist sehr groß.	(**estar**: Carlos ist gewachsen) (**ser**: es handelt sich hier nicht um eine Veränderung)

Andrés **es** muy simpático. ¡Qué simpática **está** Ana hoy!	Andrés ist sehr nett. Wie freundlich Ana heute ist!	(**ser**: Charakter) (**estar**: Ana macht gerade heute einen besonders netten Eindruck)

Juan **está** muy triste. La película **es** muy triste.	Juan ist sehr traurig. Der Film ist sehr traurig.	(**estar**: etwas hat ihn traurig gemacht) (**ser**: etwas Typisches für diesen Film)

Los García **están** nerviosos. Pedro **es** nervioso.	Familie García ist nervös. Pedro ist nervös.	(**estar**: sie haben Reisefieber und sind unruhig) (**ser**: er ist von Natur aus nervös)

101 Estar vor Partizipien

Wird ein Partizip als Adjektiv gebraucht, so steht es meistens mit dem Verb **estar**, vor allem wenn es um das Ergebnis einer Handlung geht.

La discoteca **está** cerrada.	Die Diskothek ist geschlossen.	(man hat sie geschlossen)
Las ventanas **están** abiertas.	Die Fenster sind offen.	(man hat sie geöffnet)
El disco **está** roto.	Die Schallplatte ist kaputt.	(jemand hat sie kaputtgemacht)
La mesa **está** puesta.	Der Tisch ist gedeckt.	(jemand hat es getan)
– ¿**Está** libre este asiento?	– Ist dieser Sitzplatz frei?	
– No, **está** ocupado.	– Nein, er ist besetzt.	(jemand hat den Platz belegt)

aber:
Tu hermana **es** muy presumida. Deine Schwester ist sehr eingebildet. (Charakter)
Este libro **es** muy aburrido. Dieses Buch ist sehr langweilig. (typisch für dieses Buch)
El jefe **es** muy decidido. Der Chef ist sehr energisch. (Charakter)

102 Negation La negación

No está en Lima.	Er ist nicht in Lima.	**No** steht vor dem Haupt- oder vor dem Hilfsverb.
No va allí.	Er geht nicht dorthin.	
No ha comprado el piso.	Er hat die Wohnung nicht gekauft.	
No lea más.	Lesen Sie nicht mehr!	

No desayuno **nunca** en casa.	Ich frühstücke nie zu Hause.	Stehen die Negationen **nunca**, **nada**, **ninguno** oder **nadie** hinter dem Verb, so muß **no** vor dem Verb stehen (s. §§ 38–40).
Pablo **nunca** tiene miedo.	Pablo hat niemals Angst.	
No quiero **nada** más.	Ich will nichts mehr.	
No hay **ningún** hotel por aquí.	Hier gibt es kein Hotel.	
No ha llegado **nadie**.	Es ist niemand gekommen.	

– ¿La carta? Yo **no** la tengo.	– Der Brief? Ich habe ihn nicht.	**No** steht immer vor dem Personal- und Reflexivpronomen im Dativ oder Akkusativ.
– **No** lo he leído.	– Ich habe es nicht gelesen.	
– ¿**No** me das un beso?	– Gibst du mir keinen Kuß?	

Wörterverzeichnis

(Ein Wörterverzeichnis zu den einzelnen Abschnitten befindet sich im Übungsbuch.)
Die Zahlen verweisen auf den Abschnitt, in dem ein Wort zum erstenmal vorkommt.
* Wörter, die in einem fakultativen Text vorkommen.

B = Wörter, die in einem Bild zu einem bestimmten Abschnitt vorkommen.
L = Wörter, die in einem landeskundlichen Text vorkommen.
Ü = Wörter, die in einer Übung vorkommen.
A = Wörter, die in ESO ES 1 – ACTIVO vorkommen.
ie; ue = Verben mit unregelmäßigen Präsensformen.
Beachte, daß im spanischen Alphabet ch auf c, ll auf l, ñ auf n folgt.

Abkürzungen

Adj.	Adjektiv	adjetivo	jdn.	jemanden	a alguien
Adv.	Adverb	adverbio	mask.	maskulin	masculino
Akk.	Akkusativ	acusativo	Part. Perf.	Partizip Perfekt	participio perfecto
Art.	Artikel	artículo	Perf.	Perfekt	perfecto
best. Art.	bestimmter Artikel	artículo determinado	Pers.	Person	persona
Dat.	Dativ	dativo	Pl.	Plural	plural
etw.	etwas	alguna cosa	Präs.	Präsens	presente
fem.	feminin	femenino	Pron.	Pronomen	pronombre
Imp.	Imperativ	imperativo	refl.	reflexiv	reflexivo
Imperf.	Imperfekt	imperfecto	s.	siehe	cfr.
Inf.	Infinitiv	infinitivo	Sing.	Singular	singular
jdm.	jemandem	a alguien	unb. Art.	unbestimmter Artikel	artículo indeterminado

A

a nach 3; zu 5; Akk. Pers. 25
abandonar verlassen 45 Ü
abajo unten 25
abierto (Part. Perf. *abrir*) geöffnet 15
el **abogado** Rechtsanwalt 23 B

abrazar umarmen 23 Ü
el **abrazo** Umarmung 16
el **abrigo** Mantel 11 Ü; 12 B
abril April 16
abrir öffnen 15; 26*; 31
los **abuelos** Großeltern (Großväter) 13
acabar de + *Inf.* gerade + *Part. Perf.* + *haben* 24
la **academia de noche** Abendschule 24

las **acciones** Aktien 15 Ü
el **aceite** Öl 14; ~ **de oliva** Olivenöl 29 L
la **aceituna** Olive 39
la **acera** Bürgersteig 37
a continuación anschließend 37 Ü
acordarse de algo *me acuerdo* sich an etwas erinnern 14 Ü; 30

acostarse *me acuesto* schlafen gehen 21
acostumbrarse a algo *me acostumbro* sich an etw. gewöhnen 33
el **actor** Schauspieler 42 Ü
actualmente gegenwärtig 43 B
además außerdem 14; ~ **de** außer 29 L

a Dios gracias Gott sei Dank 33
¡Adiós! Auf Wiedersehen! 2
adivinar erraten 8
¿adónde? wohin? 3
la **aduana** Zoll 31
el **aduanero** Zöllner 31
adulto erwachsen 35
el **aeropuerto** Flughafen 24

afeitarse *me afeito* sich rasieren 21
aficionado a zugetan 39*
las **afueras** Vororte 22 L
la **agencia de viajes** Reisebüro 2 B; 28
agosto August 16
agotado ausverkauft 42
agradable angenehm 29 L
la **agricultura** Landwirtschaft 45 Ü
el **agua** (fem.) Wasser; ~ **mineral** Mineralwasser 25
el **ajedrez** Schach 37 Ü
ahí da; dort 9
ahora jetzt 5; ~ **que** jetzt, da 7
ahorrar sparen 29 L
el **aire** Wind 16; Luft 37
al (a + el) 4
la **albóndiga** (Fleisch-)Kloß 13 B
el **alcohol** Alkohol 43 L
alegrarse *me alegro* sich freuen 44
alegre fröhlich; beschwipst 23 Ü
la **alegría** Freude 33
alemán deutsch 18
el **alemán** Deutscher 18; Deutsch (*Sprache*) 18 Ü
Alemania Occidental Bundesrep. Deutschland 18 Ü, 29 L
Alemania Oriental Deutsche Demokratische Republik 18 Ü
la **alfombra** Teppich 27
algo etwas 1
el **algodón** Baumwolle 43 L
alguien jemand 34 L
algún (irgend)ein 35
alguno de einer von 35
los **almacenes** Warenhaus 3
la **almendra** Mandel 39
almorzar *ue* zu Mittag essen 11
el **almuerzo** Mittagessen 13*
alrededor de um ... herum 43 L
alto hoch 10; groß 36
la **altura** Höhe 22 L
allí dort 3 Ü; 4
el **ama de casa** (fem.) Hausfrau 37 Ü
amarillo gelb 11
ambicioso ehrgeizig 45 L
América Central Mittelamerika 3; 17
el **amigo** Freund 2
el **amor** Liebe 43 Ü
el **analfabeto** Analphabet 43 L
Andalucía Andalusien 29 L; 30
andaluz andalusisch 29 L; 30
el **andaluz** Andalusier 29 L
el **andén** Bahnsteig 25
andino Anden... 43 Ü
el **animal** Tier 45 Ü
anteayer vorgestern 33
antes vorher 13 Ü; 15
antiguo alt; ehemalig 13
el **año** Jahr 8
¿**Cuántos años tienes?** Wie alt bist du? 8
apagar ausmachen 20
el **aparador** Kommode 27
el **aparato** Gerät 43 L
el **aparcamiento** Parkplatz 36

el **apellido** Nachname 38
aplaudir klatschen 35
apuntar aufschreiben 14
aquel, aquella (pl **aquellos, aquellas**) jener, jenes, jene 9
aquí hier 3 L; **de** ~ von hier 8; **he** ~ hier ist/sind 37 Ü
el **árbol** Baum 37
Argentina Argentinien 3
argentino argentinisch 22 Ü
arratsalde (*Baskisch*) der Nachmittag/Abend 19 L
arreglar reparieren 35 Ü
el **arroz** Reis 14
el **arte** Kunst 22 L
el **artículo** Artikel 24
el **ascensor** Fahrstuhl 23*
así so 43 L
el **asiento** Sitzplatz 28
la **asignatura** (Schul-)fach 20
Asturias Asturien 19 L
la **atención** Aufmerksamkeit 39
atentamente hochachtungsvoll (*im Brief*) 37
Atlántico: el Océano ~ Atlantischer Ozean 3 B
el **atletismo** Leichtathletik 45 Ü
el **atún** Thunfisch 19 L
el **autobús** Autobus 3
el **automóvil** Auto 43 L
autónomo autonom 21; la **región autónoma** autonome Region 21
el **autor** Autor 43 L
la **avenida** Allee 13*; 16
el **avión** Flugzeug 3
ayer gestern 32
ayudar helfen 37*
el **azafrán** Safran 14
el **azúcar** Zucker 15
azul blau 11

B

el **bachillerato** Gymnasium (Abitur) 20
el **bailarín** Tänzer 42 Ü
el **baile** Tanz 37*
bajar hinuntergehen 14; aussteigen 24
bajo (*Präposition*) unter 16
bajo (*Adj.*) niedrig 29 L; leise 41 Ü
el **balcón** Balkon 27
el **banco** Bank 4; (Sitz-)Bank 26
la **bandeja** Tablett 10
el **bar** Imbißstube 4
barato billig 4 Ü; 9
la **barca** (Fischer-)Boot 21
barcelonés aus Barcelona 13
el **barco** Schiff 3
el **barman** Barkeeper 10
la **barra** Theke 10; ~ **de pan inglés** Kastenbrot 14
el **barrio** Stadtteil 22 L; 23; ~ **satélite** Trabantenstadt 22 L
bastante ziemlich 20
batir el récord den Rekord schlagen 45 Ü
beber trinken 13
la **bebida** Getränk 39
el **beso** Kuß 13
la **biblioteca** Bibliothek 4
la **bicicleta** Fahrrad 5

bien gut 2
bilingüe zweisprachig 43 L
el **billete** Fahrkarte 26; Geldschein 38
el **bistec** Beefsteak 14
blanco weiß 1
la **blusa** Bluse 11
la **boca** Mund 41*
el **bocadillo** belegtes Brot 10
el **bolígrafo** Kugelschreiber 9
el **bolívar** (*venezolanische Währung*) 38
Bolivia Bolivien 3 B
la **bolsa de plástico** Plastiktasche 14
el **bolso** Tasche 1; Handtasche 26
bonito hübsch, schön 11
el **bosque** Wald 45 Ü
la **botella** Flasche 1
el **Brasil** Brasilien 3 B
brasileño brasilianisch 42 Ü
el **brazo** Arm 41 B
¡**Buenas tardes!** Guten Tag./Guten Abend. 7
bueno (*Adj.*) gut, brav 13
bueno (*Adv.*) gut; nun 7
¡**Buenos días!** Guten Morgen./Guten Tag. 2
B.U.P (Bachillerato Unificado Polivalente) (*entspricht den Klassen 10–11–12 im Gymnasium*) 20
buscar suchen 4; holen 34 L
el **buzón** Briefkasten 9

C

el **caballero** Herr 12 B; Ritter 36 A
«**caballeros**» „Herren" (Toilette) 26 B
la **cabeza** Kopf 35*
¡**Qué cabeza!** Was für ein Gedächtnis! 13
la **cabina telefónica** die Telefonzelle 13
el **cacao** Kakao 43 L
cada jeder, e, es 10; ~ **uno** jeder 10
caer fallen 36
Se le cayó a una mujer. Eine Frau ließ es fallen. 36
el **café** Kaffee 7; Café 37
la **cafetera** Kaffeemaschine 10
la **cafetería** Cafeteria 37
la **caja** Schachtel 9; Kasse 14; Kiste 21
la **cajera** Kassiererin 14
el **cajero** Kassierer 38
el **cajón de la mesa** Tischschublade 15
los **calamares** Tintenfische 14 B
los **calcetines** Socken 12
la **calefacción** Heizung 30 Ü
el **calor** Wärme, Hitze 16 (s. **hace**; **tener**)
la **calle** Straße 4
los **callos** Kutteln 13 B
la **cama** Bett 20
la **cámara fotográfica** Photoapparat 1
el **camarero** Kellner 7*; 10
cambiar wechseln; sich ändern 6; ~ **de tren** umsteigen (*Zug*) 28

el **cambio** Wechsel 38 B
caminar gehen, wandern 41*
el **camión** Lastwagen 34 L
la **camioneta** Lieferwagen 21
la **camisa** Hemd 1
la **camiseta** *hier:* Trikot 39 B
la **campeona** (*deporte*) Meisterin 45 Ü
el **campeonato** Meisterschaft 45 Ü
el **campesino** Bauer 22 L; 30
el **campo** Feld 22 L; 30
la **canastilla** Einkaufskorb 14
cansado müde 32
el **Cantábrico** Kantabrisches Meer 19 L
cantar singen 37 Ü
la **cantidad** Menge 14
la **cantina** Kantine 26 B
la **capital** Hauptstadt 3 L
¡**Caramba!** Donnerwetter! 39*
el **carbón** Kohle 19 L
Caribe: el Mar ~ das Karibische Meer 3 B
la **carne** Fleisch 37 Ü; 43 L
el **carnet de identidad** Personalausweis 36
caro teuer 4 Ü; 9
la **carretera** Landstraße 43 L
la **carretilla** Schubkarren 43 L
el **carrito** *hier:* Einkaufswagen 14
la **carta** Brief 1; ~ **radiofónica** Hörerbrief 37 Ü
la **cartera** Aktentasche 36 Ü
la **casa** Heim; Haus 20; **a casa (de)** heim (zu) 23; **en casa (de)** zu Hause (bei) 7
de casa von zu Hause 31
casado verheiratet 23 Ü; 24
casi fast 10
castellano Kastilisch (*Sprache*) 3
el **catalán** Katalane 20
catalán Katalanisch 3 L
Cataluña Katalonien 34 L
la **catedral** Kathedrale 6
la **categoría** Klasse, Kategorie 13*
católico katholisch 45 L
catorce vierzehn 6
causar machen, bereiten 33
cayó (indefinido *caer*) er, sie fiel; Sie fielen 36
la **caza** Jagd 42
la **cebolla** Zwiebel 14
celebrar feiern 30 Ü
la **cena** Abendessen 33*
cenar zu Abend essen 21
la **central nuclear** Atomkraftwerk 22 L
el **centro** Zentrum 3 L
cerca in der Nähe 4; ~ **de** bei 13 B
el **cerdo** Schwein 45 L
los **cereales** (pl) Getreide 43 L
la **cerilla** Streichholz 9
cero null 8
cerrado geschlossen 15
cerrar *ie* schließen 10
la **cerveza** Bier 13

el **ciclismo** Radsport 39*
el **cielo** Himmel 15
ciencias Naturwissenschaften 20
cien/to hundert 11
la **cigala** Kronenhummer 14
el **cigarrillo** Zigarette 9
cinco fünf 1
cincuenta fünfzig 10
el **cine** Kino 4
la **ciudad** Stadt 3 L; 16
la **Ciudad Universitaria** Universitätsviertel 24
claro klar 2; ~ **que** natürlich 15
la **clase** Unterricht 20
clásico klassisch 37*
el/la **cliente** Kunde/Kundin 37
el **clima** Klima 17
el **club** Klub 15 Ü; 24
cobrar Lohn/Gehalt erhalten 37 Ü
el **cobre** Kupfer 43 L
la **cocina** Küche 5
cocinar kochen 14
la **cocinera** Köchin 5
el **coche** Auto 3 L; 4
el **coche-cama** Schlafwagen 28
la **cola** Schlange (*beim Anstehen*) 42
coleccionar sammeln 37 Ü
el **colegio** Schule 20
Colombia Kolumbien 3 B
el **colombiano** Kolumbianer 24
Colón Kolumbus 4
la **colonia** Kolonie 29 L; Kolonialzeit 23 B
colonizar besiedeln, erschließen 43 L
el **color** Farbe 11
el **comedor** Speisesaal 13*; 20; Eßzimmer 15
comer essen 13
comercial kommerziell 42 Ü
el **comerciante** Kaufmann 43 L
el **comercio** Handel 29 L
la **comida** Mittagessen 14
la **comisaría** Polizeirevier 36
¿**cómo?** wie? 2
como wie 17; da, weil 22 L
cómodo bequem 28
el **compañero** Kollege 13
la **compra** Kauf 14
hacer la compra einkaufen 14
comprar kaufen 6 Ü; 8
de compras beim Einkauf 14
comprender verstehen 25
el **compromiso** Engagement 43 Ü
la **comunidad autónoma** autonome Region 29 L
con mit 7*; 10
la **condición** Bedingung 43 L
confesar bekennen 43 Ü
el **conflicto** Konflikt 20
conmigo mit mir 39
conocer *conozco* kennen 30
conocido bekannt 22 L
conquistar erobern 43 L
el **consejo** Rat 35

95

la **conserva de pescado** Fischkonserve 19 L
construir anlegen 34 L; bauen 35
construyeron (indefinido *construir*) sie, Sie bauten 43 B
la **consulta** Sprechstunde 41 Ü
el **consultorio** Sprechstunde 41*
al **contado** in bar 32
la **contaminación del aire** Luftverschmutzung 22 L
contar *ue* zählen 43; erzählen 35 Ü
contento zufrieden 15 Ü; 30
contestar antworten 12
contigo mit dir 39
el **continente** Erdteil 43 L
a **continuación** anschließend 37 Ü
continuamente dauernd 37
continuar fortfahren 45 L
contra gegen 37 Ü; 39 B
el **conquistador** Eroberer 45 Ü
la **copa** Pokal 39*
la **copita** Gläschen 30
la **corbata** Krawatte 12 B
el **corcho** Kork 45 L
el **cordero asado** Lammbraten 40*
la **corona (sueca)** (schwedische) Krone 38
el **corredor** Läufer 23 A
el **correo** Post 14 Ü; 23; Personenzug 25 B
correr rennen 42
la **correspondencia** Korrespondenz 37*
el **cortado** Espresso mit Milch 10
la **Corte Española** spanischer Hof 36 A
Cortés, Hernán 1485–1547, *span. Eroberer des Aztekenreiches* 45 Ü
la **cortina** Gardine 15 Ü; 27
la **cosa** Sache 14 Ü; 35
coser nähen 37 Ü
la **costa** Küste 3 L; 17
costar *ue* kosten 6
Costa Rica Costa Rica 3 B
la **costumbre** Gewohnheit 45 L
C.O.U. (Curso de Orientación Universitaria) Vorbereitungsjahr für die Universität (*entspricht der 13. Klasse im Gymnasium*) 20
el **crédito** Kredit 38
creer glauben 20
creïlle (*Valencianisch*) Kartoffel 34 L
la **cría** Zucht 45 Ü
la **criada** Hausangestellte 12
criticar kritisieren 43 Ü
la **cruz** Kreuz 9
el **cuadro** Gemälde 6
¿**cuál?** welcher, e, es? 17
cualquiera irgendein/e 40*
¿**cuándo?** wann 16
cuando wenn, als 20

¿**cuánto?** wieviel 6; ¿**Cuánto es?** Was macht das? 10; ¿**A cuánto está …?** Wieviel kostet jetzt …? 14
¿**cuántos, as?** wieviele? 1
¿**A cuántos estamos?** Welches Datum haben wir? 38
cuarenta vierzig 8
el **cuarto (piso)** der vierte (Stock) 23*; 34 L
el **cuarto** Viertel 10
el **cuarto de baño** Badezimmer 27
el **cuarto de estar** Wohnzimmer 20
cuatro vier 1
la **cuchara** Löffel 15
el **cuchillo** Messer 15
el **cuello** Kragen 41
la **cuenta** Rechnung 13 Ü
el **cuerpo** Körper 41*
cuesta (*costar*) kostet 6
¡**Cuidado!** Vorsicht! 21
la **cultura** Kultur 43 Ü
cultivar anbauen 34 L; **se cultiva** man baut an 22 L
el **cumpleaños** Geburtstag 13
el **cura** Priester 26
el **curso** Kurs 24

CH

la **chaqueta** Jacke 12 B
¡**che!** (*Argentina*) hör(en Sie) mal! 42 Ü
el **chelín** (*austríaco*) (österreichischer) Schilling 38
el **cheque de viaje** Reisescheck 38
la **chica** Mädchen 5
el **chico** Junge 2
Chile Chile 3 B
el **chiste** Witz 35
chistoso witzig 11 Ü
el **chocolate** Schokolade 1
chover (*Galicisch*) regnen 21 L
la **chufa** Erdmandel 40 Ü; la **leche de chufas** Erdmandelmilch 40 Ü
el **churro** in Öl gebackener Kringel 10

D

danés dänisch 18
la **dama** Dame 23 Ü
dar *doy* geben 6
darse (*me doy*) **cuenta de algo** etwas merken 36
los **datos** Daten 43 L
dcha. (Abk. für) *derecha* rechts 23 B
de von 7
debajo de unter 20
deber müssen 20
decir *digo* sagen 7
¿**Como se dice …?** Wie heißt …? 19 L
declarar verzollen 31
dejar lassen 23*
del (de + el) 3 L; 9
delante de vor 9
delgado schlank 28
demasiado zu 9
¡**Déme …!** (Imp. *dar*) Geben Sie mir …! 6

deneu (*Valencianisch*) neunzehn 34 L
el **dentista** Zahnarzt 23 B
dentro de innerhalb von 21; in 44
denunciar anzeigen 44
depende es kommt darauf an 45 L
la **dependencia** Abhängigkeit 17
la **dependienta** Verkäuferin 11
el **deporte** Sport 39
a la **derecha (de)** rechts (von) 9
desaparecer *desaparezco* verschwinden 30 Ü; 36
desayunar frühstücken 10
el **desayuno** Frühstück 10
descansar sich ausruhen 37
el **descubridor** Entdecker 43 Ü
desde ab 12 B; **desde … hasta** von … bis 17
desear wünschen 6 Ü
desnudo nackt 22 L
el **despedacigrama** (*Art Kreuzworträtsel*) 11 Ü
despertarse *me despierto* aufwachen 21
después dann, nachher 7 Ü; 10; ~ **de** nach, nachdem 15
destruir zerstören 36 A
detenidamente gründlich 41*
detrás de hinter 10
devolver zurückgeben 38
el **día** Tag 7; **al ~ pro Tag** 7; **~ de clase** Schultag 20; **~ de mi santo** mein Namenstag 16; **al ~ siguiente** am folgenden Tag 44
el **diablo** Teufel 43 Ü
el **dialecto** Dialekt 34 L
el **diálogo** Dialog 32
el **dibujo** Zeichnen 20
el **diccionario** Wörterbuch 36 Ü
dice (*decir*) er, sie sagt 4 Ü; **~ que** er, sie sagt, daß 7
diciembre Dezember 16
el **dictador** Diktator 43 Ü
la **dictadura** Diktatur 42 Ü
dicho (Part. Perf. *decir*) 15
diez zehn 6
diecisiete siebzehn 8
diferente anders 14
difícil schwer 21
¡**Diga!** (Imp. *decir*) Sie wünschen? 13
¡**Dígame!** (Imp. *decir*) „Hallo!" (am Telefon) 12
dijo (indefinido *decir*) er, sie sagte; Sie sagten 33
Dinamarca Dänemark 18 L
el **dinero** Geld 8 Ü; 24
dinou (*Katalanisch*) neunzehn 34 L
Dios: a ~ gracias Gott sei Dank 33
diplomático diplomatisch 43 Ü
la **dirección** Adresse 13*
directo direct 42 Ü
el **director** *hier:* Chefredakteur 37
el **director de cine** Regisseur 42 Ü

dirigirse a alguien sich an jdn wenden 35
el **disco** Schallplatte 1
la **discoteca** Diskothek 15
la **distancia** Entfernung 41 Ü
distanciarse sich distanzieren 42 Ü
distinto anders 45 L
divertido lustig 44
divisas Devisen 18
doble (*habitación* ~) Doppel-(zimmer) 13*
doce zwölf 6
el **doctor** Arzt 41*
el **documento de identidad** Kennkarte 38
el **dólar** Dollar 38
doler *ue* weh tun 41*
el **dolor de cabeza** Kopfschmerzen 41*
el **domicilio** Adresse 44 Ü
dominar beherrschen 43 Ü
el **domingo** Sonntag 7
el **dominó** Domino 30
don (*steht vor männl. Vornamen*) „Herr" 25
donde wo 3 Ü; 33
¿**dónde?** wo? 2; ¿**de ~?** woher? 24
doña (*steht vor weibl. Vornamen*) „Frau" 25
dormir *ue* schlafen 15 Ü; 35*
el **dormitorio** Schlafzimmer 27
dos zwei 1
doy (*dar*) ich gebe 22
el **drama** Drama 42 Ü
la **duda** Zweifel 40*
dulce süß 15
durante während 41*
el **duro** 5-Peseten-Stück 12
duro hart 21 Ü

E

e und (*vor Wörtern, die mit i- oder hi- beginnen*) 29 L
ecológico ökologisch 30 Ü
la **economía** Wirtschaft 15 Ü
económico Wirtschafts… 42 Ü
(el) **Ecuador** Ekuador 3 B
el **ecuador** Äquator 43 L
la **edad** Alter 37 Ü
el **edificio** Gebäude 14
E.G.B. (Educación General Básica) Grund- und Hauptschule 20
egun (*Baskisch*) der Tag 19 L
eixir (*Valencianisch*) ausgehen 34 L
el (best. Art. Sing. mask.) 1
él, ella, ellas, ellos er, sie (Sing.), sie (Pl.) 13; ihn, ihm 39
eléctrico elektrisch 43 L
elegante elegant 11 Ü
emanciparse sich emanzipieren 43 Ü
la **emigración** Auswanderung 45 L
el **emigrante** Auswanderer 22 L
emigrar auswandern 22 L
empezar *ie* beginnen 10
el **empleado** Angestellter 28

la **empresa** Unternehmen 7
en in 1; mit 3; an 3 L; auf 4
¡**Encantado!** Angenehm! 2
encima de über 10
encontrar *ue* finden 11
encontrarse *me encuentro* sich befinden 41*; **~ se con** sich treffen mit 21
enchufado: La tele está enchufada. Der Fernseher ist an. 20
la **energía solar** Sonnenenergie 30 Ü
enero Januar 16
enfermo krank 20
enfrente de gegenüber 4 Ü
enorme riesig 16
enseñar zeigen 32 Ü; 38
la **enseñanza** Unterricht 20
entender *ie* verstehen 18
entonces dann 9
la **entrada** Eingang 27; Eintrittskarte 42
entrar eintreten 4
entre zwischen 3; unter 2
entregar übergeben 38
el **entrenamiento** Training 45 Ü
entrenarse trainieren 45 Ü
enviar schicken 29 L; 32
el **equipaje** Gepäck 30
el **equipo** Mannschaft 39 B
era (Imperf. *ser*) er, sie es war 36
eres (*ser*) du bist 20
es (*ser*) er, sie, es ist; Sie sind 1
el **escaparate** Schaufenster 11
escogido ausgewählt 40*
escribir schreiben 15
escrito (Part. Perf. *escribir*) geschrieben 15
el **escritor** Schriftsteller 43 Ü
la **escritora** Schriftstellerin 43 Ü
escuchar zuhören 10
la **escuela** Schule 20
ese, esa, esos, esas dieser, diese (Sing. und Pl.) 9
la **esmeralda** Smaragd 39 L
eso es genau das 8
a eso de ungefähr um 19
España Spanien 2
español spanisch 18
el **español** Spanier 18; Spanisch (*Sprache*) 3 L; 18
la **española** Spanierin 18
especialmente besonders 19 L
el **espejo** Spiegel 27
esperar warten 20
la **esposa** Ehefrau 38
esquiar Ski fahren 37 Ü; 41*
está (*estar*) er, sie, es ist, liegt 2; befindet sich 4 ¿**Como está usted?** Wie geht es Ihnen? 2 **Está a unos 30 minutos.** Es liegt ungefähr 30 Minuten von hier. 8
la **estación** Bahnhof 13; Jahreszeit 17

el **Estado** Staat 22 L
el **estado civil** Familienstand 44 Ü
los **Estados Unidos** USA 17
la **estafeta de correos** Postamt 6
el **estanco** Tabakladen 9
el **estanque** Teich 22 L
la **estanquera** Tabakwarenhändlerin 9
estar *estoy* liegen 2; sich befinden 4; sein 12
el **este** Osten 18
este, esta, estos, estas dieser, diese (*Sing.* und *Pl.*) 9
esto dies 1; **por esto** deswegen 29 L
el **estómago** Magen 41*
estoy (*estar*) ich bin 12
estudiar studieren, lernen 10
estupendo ausgezeichnet 12; **estar ~** ausgezeichnet schmecken 15
estuvimos (indefinido *estar*) wir waren 33
la **etapa** Etappe 39*
europeo europäisch 6 Ü
la **evaluación** Klassenarbeit 20
exacto genau 30
el **examen** Prüfung 20
examinar prüfen, untersuchen 41*
excepto ausgenommen 20
exigente anspruchsvoll 7
el **éxito** Erfolg 45 Ü
la **experiencia** Erfahrung 7*
explicar erklären 22 L
la **exportación** Ausfuhr 43 Ü
exportador Export- 43 B
exportar ausführen 3 L; 7
se exporta man führt aus 19 L
el **expreso** Espresso 10
extranjero ausländisch 19 L
el **extranjero** Ausländer 18; Ausland 29 L; 33
extraordinario außergewöhnlich 15
el **extremeño** Bewohner von Extremadura 45 L
extremo extrem 45 Ü

F

la **fábrica** Fabrik 3 L; 5; **~ de conservas** Konservenfabrik 21
fácil einfach 17
fácilmente *adv* leicht 37
la **falda** Rock 11
la **falta de** Mangel an 45 Ü
faltar fehlen 18
la **familia** Familie 5
famoso berühmt 29 L; 32
la **farmacia** Apotheke 4
el **favor: por ~** bitte 4; **¡Haga el ~ de …!** Tun Sie mir den Gefallen und …! 38
febrero Februar 16
la **fecha** Datum 16
¡Felicidades! Alles Gute! 16
el **ferrocarril** Eisenbahn 25

el **festival** Festival 42 Ü
el **Festival de Cine** Filmfestival 42 Ü
la **ficha** Karte, Zettel 36
la **fiebre** Fieber 41*
la **figura** Figur; Persönlichkeit 42 Ü
la **finca** Bauernhof 30
finlandés finnisch 18 Ü
Finlandia Finnland 18*
firmar unterschreiben 38
el **flamenco** Flamenco (Tanz und Musik) 42 Ü
el **flan** Karamelpudding 14
la **flauta** Flöte 37 Ü
la **flor** Blume 27
el **florín (holandés)** (holländischer) Gulden 38
el **folklore** Folklore 42 Ü
folklórico folkloristisch 42 Ü
al **fondo** im Hintergrund 22 L
la **foto** Photographie 22 L
francés französisch 18 Ü
el **francés** Franzose 18; Französisch (*Sprache*) 18 Ü; 20
Francia Frankreich 3 B; 28
el **franco** französischer Franc 38; **~ belga** belgischer Franc 38; **~ suizo** Schweizer Franc 38
el **franquismo** Franko-Zeit 42 Ü
franquista Franco… 42 Ü
la **frente** Stirn 41*
frío kalt 16
el **frío** Kälte 16 (s. *hace; tener*)
la **frontera** Grenze 1
la **fruta** Obst 14
fue (indefinido *ir, ser*) er, sie war, ging; Sie waren, gingen 32
la **fuente** Quelle 18
fuerte stark 33
la **fuga de vocales** (*Art* Lückenrätsel) 1 Ü
fumar rauchen 10
la **función** Vorstellung 42
funcionar in Betrieb sein 23*
el **fútbol** Fußball 37 Ü; 39*
el **futbolista** Fußballspieler 39 B

G

la **gabardina** Regenmantel 38 Ü
Galicia Galicien 21
gallego Galicisch (*Sprache*) 3 L; 21
la **gamba** Krabbe 14
el **ganado** Vieh 43 L
ganar verdienen 5; gewinnen 39*
las ganas; tener ~ de Lust haben zu 25
el **garaje** Garage 38
la **garganta** Kehle 41*
la **gasolinera** Tankstelle 29 L
el **gato** Katze 40*
gau (*Baskisch*) die Nacht/ der Abend 19 L
generalmente im allgemeinen 9
la **gente** Leute 22 L; 26
la **geografía** Geographie 20

geográfico geographisch 41 Ü
la **gimnasia** Turnen, Gymnastik 20
el **golf** Golf 37 Ü
el **golfo** Straßenjunge 42 Ü
el **gordo** *hier:* höchster Lottogewinn 8
gracias (*por*) danke (für) 2; 33
a Dios gracias Gott sei Dank 33
el **grado** Grad 16
la **gramática** Grammatik 20
el **gramo** Gramm 14
gran/de groß 3 L; 9
gratis umsonst, gratis 20
grave ernst, schwer 22 L
la **gripe** Grippe 41
gris grau 15
el **grupo** Gruppe 26
guapo hübsch 40*
el **guardia** Polizist 4
Guatemala Guatemala 3 B
el **guatemalteco** Guatemalteke 17
la **guerra (civil)** (Bürger-) Krieg 36 A
la **guía** Fremdenführer 22 L
la **guía** Fahrplan, Reiseführer 28
la **guitarra** Gitarre 37 Ü
gustar schmecken 10; gefallen 16;
me gusta es schmeckt mir 10;
me gusta más ich ziehe vor 10;
¿Le gusta a usted …? Wie gefällt Ihnen …? 16*
Me gustaría … Ich möchte … 18*; 37
el **gusto** Geschmack 42 Ü
¡Mucho gusto! Sehr erfreut! 2

H

haber haben (*Hilfsverb*) 15
había (Imperf. *hay*) es gab, war, waren 41; **~ robado** hatte gestohlen 42
la **habitación** Zimmer 13*; 16; **~ doble** Doppelzimmer 13*
el **habitante** Bewohner 21
hablar sprechen 3 L; **se habla** man spricht 3 L; 34
hace er, sie macht; Sie machen 5
Hace media hora. Vor einer halben Stunde. 36
Hace 3 años. Vor 3 Jahren. 43
Hace aire. Es ist windig. 16
Hace buen tiempo. Es ist gutes Wetter. 16
Hace calor. Es ist heiß. 16
Hace frío. Es ist kalt. 16
Hace 2 grados. Es sind zwei Grad. 16
Hace mal tiempo. Es ist schlechtes Wetter. 16
Hace sol. Die Sonne scheint. 16

Hace viento. Es ist windig. 16
hacer *hago* machen 5; **~ la compra** einkaufen 14; **~ un favor** einen Gefallen tun 38; **~ a mano** von Hand machen 43; **~ ejercicio** turnen 35*; **~ transbordo** umsteigen 24;
hacia zu … hin 30
¡haga! (Imp. *hacer*) machen Sie! 38; **~ el favor de …** Tun Sie mir den Gefallen und … 38
hago (*hacer*) ich mache 21
el **hambre** (fem.) 13; **tener ~** Hunger haben 13
hambriento hungrig 43 Ü
Hamburgo Hamburg 18
la **harina de pescado** Fischmehl 43 Ü
hasta bis 13; **¡~ luego!** Bis bald! 4
hay es gibt 1; **¿Qué ~?** Was gibt es? 1
hay que man muß 28
he aquí hier ist/sind 37 Ü
hecho (Part. Perf. *hacer*) gemacht 15
el **helado** Speiseeis 16*; 39
la **hermana** Schwester 18 Ü; 20
el **hermano** Bruder 15
los **hermanos** Geschwister, Brüder 20
hiciste (indefinido *hacer*) du machtest 38
el **hierro** Eisen 19 L
la **hija** Tochter 14
el **hijo** Sohn 21
los **hijos** Kinder (Söhne) 14
hinchado geschwollen 41*
la **historia** Geschichte 20
hizo (indefinido *hacer*) er, sie machte; Sie machten 32
el **hockey sobre hielo** Eishockey 37 Ü
la **hoja** Blatt 36
¡Hola! Hallo! 2
Holanda Holland 18
holandés holländisch 18
el **hombre** Mann 40*
¡Hombre! Mensch! 42
Honduras Honduras 3 B
el **hondureño** Honduraner 17
la **hora** Stunde 7; Uhrzeit 44 A; **~ extra** Überstunde 33;
¿A qué ~? Um wieviel Uhr? 10; **¿Qué ~ es?** Wie spät ist es? 20 Ü; **a estas horas** um diese Zeit 25
el **horario** Stundenplan 20; Fahrplan 25
la **horchata** Erdmandelmilch 39
horizontales *hier:* waagerecht 40 Ü
el **hospital** Krankenhaus 35
el **hotel** Hotel 4
hoy heute 3
la **huerta** bewässertes Obst- und Gemüseland 34 L

el **huevo (pasado por agua)** (weichgekochtes) Ei 39 Ü
el **humor** die Laune 11 Ü
estar de (muy) buen humor sehr gute Laune haben 11 Ü

I

iba (Imperf. *ir*) er, sie ging 41
ida (y vuelta) Hinfahrt (und Rückfahrt) 28
el **idioma** Sprache 21
la **iglesia** Kirche 6
imaginario imaginär 43 Ü
importante wichtig 17
incluido eingeschlossen 13*
el **indicador** Vorwahl-(nummer) 13
el **indio** Indianer 43 L
la **industria** Industrie 19 L
industrial Industrie … 22 L
la **infamia** Niedertracht 43 Ü
la **influencia** Einfluß 17
informar benachrichtigen 36 Ü
informarse (de) sich erkundigen (nach) 28 Ü
Inglaterra England 18 Ü; 29 L
inglés englisch 18
el **inglés** Engländer 18; Englisch (*Sprache*) 18 Ü; 37
el **ingrediente** Zutat 14; los **ingredientes** (*Argentina*) Vorspeisen 42 Ü
el **inmigrante** Einwanderer 22 L
el **instituto** staatliches Gymnasium 10
intelectual *adj* intellektuell 42 Ü
el/la **intelectual** der/die Intelektuelle 42 Ü
inteligente intelligent 42 Ü
interesante interessant 15
en el interior de im Innern von 30
internacional international 20
el **invierno** Winter 17
invitar einladen 39
ir *voy* gehen, fahren 3
irse weggehen 14 Ü; 21
Isabel la Católica Isabella von Spanien 13
la **isla** Insel 3 L
las **Islas Canarias** Kanarische Inseln 18
Italia Italien 18 Ü
italiano italienisch 18 Ü
el **italiano** Italiener 18 Ü; 20; Italienisch (*Sprache*) 18 Ü
izda. (Abk. für) *izquierda* 23 B
la **izquierda: a la ~ (de)** links (von) 9

J

el **jamón** Schinken 10
japonés japanisch 18
el **jefe** Chef 7

97

el **jerez** Sherry 3 L; 30
el **jersey** Pullover 11
el **joven** der junge Mann 23 A
la **joven** Mädchen 32
los/las **jóvenes** die jungen Leute 39
el **jueves** Donnerstag 16
jugar a *juego a* etw. spielen 30
el **juguete** Spielzeug 27
julio Juli 16
junio Juni 16
junto a bei, in der Nähe 3 Ü; 22 L

K

kaixo (*Baskisch*) Hallo! 19 L
el **kilo** Kilogramm 14
el **kilómetro** Kilometer 25; ~ **cuadrado** Quadratkilometer 43 L

L

la (best. Art. Sing. fem.) 1; sie/Sie (Akk.) 26
el **lado** Seite; **al ~ de** neben 9
el **ladrón** Dieb 44
el **lago artificial** künstlich angelegter See 22 L
la **lámpara** Lampe 10
largo lang 10
latinoamericano lateinamerikanisch 42 Ü
las (best. Art. Pl. fem.) 7; die (Akk.) 26
¡Qué **lástima**! Wie schade! 20
el **latifundio** Großgrundbesitz 29 L
Latinoamérica Lateinamerika 3
el **lavabo** Toilette, Badezimmer 20
el **lavaplatos** Geschirrspülmaschine 15
lavarse *me lavo* sich waschen 21
le (Dat. Sing.) ihm, ihr; Ihnen 38
la **lección** Lektion, Unterrichtsstunde 20
la **leche** Milch 10; ~ **de chufas** Erdmandelmilch 40 Ü
leer lesen 13
lejos weit 4; ~ **de** weit entfernt von 12
la **lengua** Sprache 3 L; 45; **la ~ oficial** Amtssprache 43 L
los **leotardos** Strumpfhose 12 B
les (Dat. Pl.) ihnen; Ihnen 38
levantarse *me levanto* aufstehen 21
la **leyenda** Legende, Sage 43 Ü
la **libertad** Freiheit 21
la **libra** (**esterlina**) Pfund Sterling 38
libre frei 20
la **librería** Buchhandlung 10 A
el **libro** Buch 1; ~ **de cocina** Kochbuch 14
el **licor** Likör 29 L
el **líder** Führer 39*
limitar con grenzen an 3 L; 17 Ü

el **limón** Zitrone 10
la **limonada** Limonade 10
limpiar reinigen 41
limpio sauber 15
la **línea** Linie 24
la **lira** (**italiana**) (italienische) Lira 38
la **lista de precios** Preisliste 10
listo fertig 15
literario literarisch 43 Ü
la **literatura** Literatur 24
lo (Akk. Sing.) ihn, es; Sie 25; ~ **que** das, was 14
el **lobo** Wolf 42 Ü
los (best. Art. Pl. mask.) 7; sie/Sie (Akk.) 26
la **lotería** Lotterie 8
el **lugar** Ort, Platz 44 A
el **lunes** Montag 20

LL

se **llama** er, sie, es heißt; Sie heißen 14; 19 L
la **llamada telefónica** Telefonanruf 12
llamar anrufen 12; ~**se** *me llamo* heißen 20
la **llave** Schlüssel 26
la **llegada** Ankunft 25 B
llegar ankommen 15
llenar füllen 30 Ü
llevar tragen 4; tragen (Kleidung) 13; mitführen 28; **lleva un mes aquí** er ist seit einem Monat hier 33
llevarse mitnehmen, stehlen 32
llover *ue* regnen 16
llueve es regnet 16
la **lluvia** Regen 17

M

la **madre** Mutter 7
madrileño Madrider 16; 19
el **maestro** Lehrer 43 Ü
magnífico prächtig 44
la **maja** schmuckes Mädchen 22 L
la **maleta** Koffer 1
mal/o schlecht 16
la **mamá** Mama 26*
la **mandarina** Mandarine 34 L
la **mano** Hand 41 B; **a mano** von Hand 43 L; **en manos de** im Besitz von 45 L
el **mantel** Tischdecke 15
la **mantequilla** Butter 10
mañana morgen 4
la **mañana** Morgen 7; **por la ~** morgens 7; **esta ~** heute morgen 15
la **máquina de coser** Nähmaschine 45 Ü
la **maquinaria** Maschinen 43 L
el **mar** Meer 3 L; 6 Ü; 16
la **marca** Marke 9
marcar anzeigen 25; ~ **un número** eine Telefonnummer wählen 12
el **marco** (**alemán**) (Deutsche) Mark 38
el **marido** Ehemann 21
el **marqués** Marquis 30
marrón braun 12 A
marroquí marokkanisch 29 L

el **martes** Dienstag 16
marzo März 16
más mehr 1; ~ **de** mehr als, über 22; ~ **tarde** später 15; **más o menos** ungefähr 14 Ü; ¡Qué **sello ~ bonito**! Was für eine schöne Briefmarke! 23
las **matemáticas** Mathematik 20
la **matrícula** Einschreibung 20
mayo Mai 16
la/el **mayor** die/der Älteste 24; **la ~ parte** der größte Teil 26 L
la **mayoría** Mehrzahl 21
me mich, mir (refl.); (Akk.) 23; (Dat.) 32
me gusta mir schmeckt 10
mecánico mechanisch 34 L
el **mecánico** Mechaniker 5
a medianoche um Mitternacht 42
el **médico** Arzt 41*
medio (halb): **a las ocho y media** um halb neun 10
el **medio** Mittel-, Durchschnitts- 19 L
a mediodía mittags 12 B; 13
Mediterráneo: Mar ~ Mittelmeer 3 B
el **mejillón** Muschel 39 Ü
mejor besser 22 L
los **mellizos** Zwillinge 23 Ü
las **memorias** Memoiren 43 Ü
mencionar erwähnen 36 A
la **menina** Hofdame 36 A
la/el **menor** die/der Jüngste 24
menos weniger 8; **a las ocho ~ cuarto** um Viertel vor acht 10
el **mercado** Markt, Markthalle 21
la **mermelada** Marmelade 10
el **mes** Monat 16; **al ~** im Monat 7*
la **mesa** Tisch 7
la **meseta** Hochebene 45 L; ~ **sur** südlicher Teil der Kastilischen Hochebene 45 L
el **mestizo** Mestize 43
la **meta** Ziel 23 A
el **metal** Metall 43 Ü
el **método** Methode 43 Ü
el **metro** Meter 22 L; Untergrundbahn 15 Ü; 24
México Mexiko 3 B
mi mein 5
mí mich, mir 19
el **microbús** Kleinbus 14
mientras während 30
el **miércoles** Mittwoch 20
mil tausend 7*; 28
miles Tausende 28 A
la **mili** Militärdienst 30
el **millón** Million 22 L
la **mina** Bergwerk 19 L
el **mineral** Mineral 43 Ü
el **minero** Bergmann 19 L

el **ministerio** Ministerium 22 L
el **ministro** Minister 35; el **ministro de cultura** Bildungsminister 43 Ü
el **minuto** Minute 7 Ü; 8
mío mein 31
¡**mira**! sieh mal! 11
mirar (an)sehen 10
¡**mire**! sehen Sie! 35
la **misa mayor** Hochamt 40*
mismo selbst 11
el **modelo** Modell 44 Ü
moderno modern 7*; 22 L
molestar stören 37
el **momento** Augenblick 12
la **moneda** Münze 12; Währung 43 L
montar montieren 5
el **monumento** Denkmal 21*
morir *ue; u* sterben 43 L
la **mortadela** Mortadella 26*
la **moto** Motorrad 9
el **mozo** Laufbursche 23*
el **muchacho** Junge 42
muchas gracias vielen Dank 10
muchísimas gracias besten Dank 33
muchísimo sehr viel 15
muchísimos, -as sehr viele 22
mucho (Adv.) sehr, viel 5; **mucho, -a** (Adj.) viel, zahlreich 14; ¡**mucho gusto**! Angenehm! 2
muchos, -as viele, zahlreiche 3 Ü; 10
el **mueble** Möbelstück 33
la **muerte** Tod 36 A; 42 Ü
la **mujer** Frau 13
murió (*indefinido morir*) er, sie starb 43 L
el **museo** Museum 16
el **Museo del Prado** (eines der wichtigsten spanischen Kunstmuseen; in Madrid)
la **música** Musik 20; **muy bien** sehr gut 2

N

nacer *nazco* geboren werden 43 L
el **nacimiento** Geburt 44 Ü
la **nación** Land, Nation 17
la **nacionalidad** Staatsangehörigkeit 44 Ü
nada nichts 13; **de~** keine Ursache 10
nadar schwimmen 37*
nadie niemand 34
la **naranja** Apfelsine 3 L; 14
la **naranjada** Orangensaft 10
la **nariz** Nase 41*
la **natación** Schwimmen 37*
naturalmente natürlich 44
necesitar benötigen 7
negro schwarz 1
nervioso nervös 26
la **nevera** Kühlschrank 15

ni ... ni weder ... noch 35
Nicaragua Nicaragua 3
el **nicaragüense** Nicaraguaner 17
ningún kein 35
ninguno de niemand von 35
la **niña** Mädchen 12 B
el **niño** Junge 12; Kind 12 B
no nein 1; nicht 2; ¿**no**? nicht wahr? 9
No hay de qué. Keine Ursache 4
no ... hasta nicht ... vor 10
no ... muy nicht ... sehr 13
no ... nada nichts 13
no ... nadie niemand 34 L
no ... ni weder ... noch 35
no ... nunca nie 10
la **noche** Abend, Nacht 10
nocturno Nacht- 28
noite (*Galicisch*) die Nacht 21 L
el **nombre** Name 13*; 38
el **noreste** Nordosten 3 L
el **norte** Norden 3 L; **al ~ de** nördlich von 20
norteamericano nordamerikanisch 4 L
Noruega Norwegen 18*
noruego norwegisch 18 Ü
nos uns (refl.) 21; (Akk.) 26; (Dat.) 38
nosotros, -as wir 10; uns 23
la **nota** Note 25
las **noticias** Nachrichten 20
novecientos neunhundert 11
noviembre November 16
el **novio** Bräutigam 18
la **novela** Roman, Novelle 40*
el **número** Nummer 4*; 12; Lotterielos 8
nueve neun 6
nuevo neu 7
nunca nie 10

O

o oder 1
el **objeto** Gegenstand 44 A
la **obra** Werk 36 A
la **obra de teatro** Theaterstück 44
el **obrero** Arbeiter 14 Ü
el **océano** Ozean 3 L
octubre Oktober 16
la **ocupación** Beschäftigung 44 Ü
ocupado besetzt 31
ocupar *hier*: einnehmen 22 L
ocurrir geschehen 28
ocho acht 6
el **oeste** Westen 3 L
la **oficina** Büro 10
¡**Oiga**! (*Imp. oír*) Hören Sie! Hallo! 13
oír *oigo* hören 12
el **ojo** Auge 28
la **oliva** Olive 45 L
el **olivo** Olivenbaum 22 L
olvidar vergessen 15 Ü; 38

olvidarse de... vergessen zu... 38 Ü
once elf 6
la ópera Oper 42 Ü
la oración Gebet 43 Ü
el orden Ordnung 21
original originell 42 Ü
la orquesta Orchester 37 Ü
os euch (refl.) 21; (Akk.) 26; (Dat.) 38
el otoño Herbst 17
otra vez noch einmal 10
otro ein anderer 10
otros, -as andere 29 L
la oveja Schaf 45 L
¡Oye! (Imp. oír) Hör mal! 11 Ü; 12

P

el/la paciente Patient/in 41*
el Pacífico Stiller Ozean 3 B; 43
el padre Vater 7
los padres Eltern (Väter) 7
la paella Paella (Reisgericht) 14
las pagas (Extra-)Monatsgehälter 7*
pagar zahlen 6 Ü; 7
la página Seite 40*
el país Land 3 L; 17
el País Vasco Baskenland 19 L
la paja Stroh 43 L
el pan Brot 10; ~ inglés Kastenbrot 14
Panamá Panama 3 B
los pantalones Hose 12 B
el pantano Stausee 45 L
el papá Papa 26
los papás Eltern (Väter) 15
el papel Papier 14
el paquete Paket 8 Ü; 9
el par Paar 37*; un ~ de horas ein paar Stunden 37
para für 8; zu 13; nach 25
la parada Haltestelle 4
Paraguay Paraguay 3 B
el paraíso Paradies 30 Ü
parece: ¿Te parece bien? Paßt es dir? 15; Me parece que... Mir scheint, daß... 41*
el parque Park 22 L
la parte Teil 19 L; 21; ¿De ~ de quién? Mit wem spreche ich? 15
el partido Partie 40*
pasado vergangen 33; ~ mañana übermorgen 16
el pasaje Flug-, Schiffsticket 28
el pasaporte Paß 38
pasar verbringen 16; kommen 19; vergehen 25; geschehen 36; ¿Qué pasa? Was ist los? 15 Ü; ¿Qué le pasa? Was fehlt Ihnen? 41*
¡Pase usted! Treten Sie ein! 41*
pasear spazierengehen 13
el paseo Spaziergang 40*
el pasillo Korridor 27
la pastilla Tablette 41*
la patata Kartoffel 34 L

las patatas fritas Pommes frites 14
patinar Schlittschuh laufen 37 Ü
la patria Vaterland 36
el pecho Brust 36 A
la película Film 15
el pelo Haar 36
la península Halbinsel 29 L
pensar ie denken 14 Ü; 16; ~ en denken an 33
la pensión Pension 7*; 13
peor schlechter 22 L; 41*
pequeño klein 3 L; 9
perder ie verlieren 36
¡Perdone! Entschuldigen Sie! 31
el periódico Zeitung 1
el/la periodista Journalist 15 Ü; 24
el permiso de conducir Führerschein 38 Ü
¡Permítame! Erlauben Sie! 41*
pero aber 3 Ü; 5
el perro Hund 19 L
la persona Person 19 L; 44
pertenecer pertenezco gehören 29 L
Perú Peru 3 B
el peruano Peruaner 24
a pesar de trotz 42 Ü
la pesca Fischfang 19 L; 21
el pescado Fisch 14
el pescador Fischer 21
la peseta Pesete 6
el peso (mexicano) (mexikanischer) Peso (Währung) 38
el petróleo Erdöl 43 L
el piano Klavier 37 Ü
el pie Fuß 41 B; a ~ zu Fuß 8
la pierna Bein 41 B
el pimiento Paprika 14
el pin-pon Tischtennis 37*
pintar malen 36 A
el pintor Maler 32
la pipa Pfeife 9
los Pirineos Pyrenäen 3 L
la piscina Schwimmbad 16 Ü; 20
el piso Stockwerk 23; Wohnung 24
la pista Piste 23 A
Pizarro, Francisco 1478–1541, span. Eroberer des Inkareiches 45 Ü
la planta baja Erdgeschoß 14
plantar pflanzen 30
la plata Silber 43 L
el plátano Banane 14
el plato Teller 15
la playa Strand 19
la plaza Platz 4
a plazos auf Raten 33
la población Bevölkerung 22 L
pobre arm 43; unfruchtbar 29 L
poco wenig 5; un ~ de etwas 16
pocos, -as wenige 45
poder ue können 20
la poesía Poesie 43 Ü
la policía Polizei 15
el policía Polizist 14 Ü; 36
la política Politik 42 Ü

político politisch 3 Ü
el pollo Huhn 14
pone (que) da steht (daß) 23
poner pongo setzen, stellen, legen 14 Ü; 21
poner un bar eine Imbißstube aufmachen 29 L
poner la mesa den Tisch decken 15
poner una película einen Film zeigen 15
poner un taller eine Werkstatt aufmachen 33
ponerse: ~ en la cola sich anstellen 42; ~ triste traurig werden 42
¡Póngame...! Geben Sie mir...! 14
pongo (poner) ich setze, lege, stelle 27
por am 7; an, zu 14; durch 36; auf 37
por ciento Prozent 18
por ejemplo zum Beispiel 19 Ü
por eso daher 13
por esto daher 22 L; 35
por favor bitte 4
¿por qué? warum 5
porque weil 5
la portera Hausmeisterin 23
la portería Pförtnerloge 23
el portero Portier 4
Portugal Portugal 3 B
portugués portugiesisch 21
poseer besitzen 29 L
la postal Postkarte 6
el postre Nachtisch 14
prácticamente praktisch; eigentlich
practicar ausüben 39*
práctico praktisch 10
preferir prefiero vorziehen 37
preguntar fragen 4
¡Pregunte a...! Fragen Sie...! 4
el premio Preis; el premio Nobel Nobelpreis 43 Ü
preparar zubereiten 14
presente anwesend 20
el presidente Präsident 43 Ü
prestarle atención a alguien jdm. Aufmerksamkeit schenken 39
la primavera Frühling 17
primer/o (Adj.) erster 13*; 23
primero (Adv.) zuerst 13
el primo Vetter 20
principal Haupt- 18 L; 34
principalmente hauptsächlich 22 L
la prisa (Eile): tener ~ es eilig haben 15
privado privat 20
el problema Problem 3 Ü; 22 L
producir produzco herstellen 45 L; se produce man stellt her 29 L
el producto Erzeugnis 43 L
la profesión Beruf 13 Ü
el profesor Lehrer 20; Professor 24

pronto bald 5; schnell 20
la propina Trinkgeld 10
propio eigen 45 L
la prosa Prosa 43 Ü
protestar protestieren 37 Ü
la próxima estación nächste Haltestelle 24
el público Publikum 35
pudo (indefinido poder) er, sie konnte; Sie konnten 44
el pueblo Ortschaft, Dorf 13
la puerta Tor 22 L; Tür 26
el puerto Hafen 19 L; 21
pues nun 4; denn 37
pues, regular nun, es geht 4
puesto (Part. Perf. poner) gestellt, gelegt 15
el puesto Stand 14; Arbeitsplatz 33
el punto Punkt; en ~ genau, pünktlich 25
puse (indefinido poner) ich stellte, legte 36

Q

que (Relativpron.) der, die, das 5; 18
que daß 7
¿qué? was? welche)r, -s? 1; ¿~ tal? wie geht es? 2
quedar übrigbleiben 8
quedarse me quedo bleiben 21
querer ie wünschen 13; lieben 33
querida meine Liebe 15
querido lieber 16
el queso Käse 10
¿quién? wer? 5; ¿de ~ es...? wem gehört...? 8
quince fünfzehn 6
quinientos fünfhundert 11
el quinto der fünfte 43
quisiera ich hätte gern 41*
quizás vielleicht 11 Ü; 18

R

la ración Portion 39
radical radikal 42 Ü
la radio Radio 10
el/la radioyente Zuhörer/in 37 Ü
el ramo Blumenstrauß 44
el Rastro Flohmarkt in Madrid 22 L
la razón: tener ~ recht haben 15 Ü; 28
real wirklich, reell 43 Ü
el Real Madrid (Fußballklub) 39*
la realidad Realität, Wirklichkeit 42 Ü
la rebaja Rabatt, Preisnachlaß 12
la recepción Rezeption 7
la receta Rezept 41*
recibir empfangen 24
el recibo Quittung 38
recoger hier: pflücken 34 L
récord: batir el ~ den Rekord schlagen 45 Ü
el recreo Pause 20
los recuerdos Grüße 33
recuperar hier: einholen 20
el recurso Ausweg; Zuflucht 43 Ü

el refresco Erfrischung 10
regar ie bewässern, gießen 34 L
la región Gebiet 3 Ü; 19 L
regular mäßig 4
la religión Religion 20
religioso religiös 42 Ü
el reloj Uhr 22 L; 25
rellenar ausfüllen 36
repartido aufgeteilt 29 L
repasar wiederholen 20 Ü
de repente plötzlich 36
el reportaje Reportage, Bericht 20
el representante Vertreter 43 Ü
representar darstellen 43 Ü
la república Republik 16
la reserva de asiento Platzreservierung 28
la residencia Gästehaus 13*
respirar atmen 37
responsable verantwortlich 37
el restaurante Restaurant 5
el resto Rest 21
la revista Illustrierte 1
el revoltigrama (Art Kreuzworträtsel) 6 Ü
rico: ~ en reich an 19 L; estar ~ gut schmecken 15
el río Fluß 3 L
la riqueza Reichtum 45 Ü
robar stehlen 36
el robo Diebstahl 32
la rodilla Knie 41 B
rojo rot 11
la ropa Kleidung 13
la rosa Rose 44
roto kaputt 15
rubio blond 10

S

el sábado Samstag 16
saber sé wissen 20 (4); ~ cocinar kochen können 14
sacar herausholen 25; lösen (Fahrkarte) 26
sagrado heilig 36 A
la sal Salz 14
la sala Wohnzimmer 27; ~ de espera Wartezimmer 41*
salado salzig 15
salgo (salir) ich steige aus 24
la salida Ausgang 25 B
salir salgo ausgehen, aussteigen 14 Ü; 24; ~ de casa von zu Hause weggehen 21
el salitre Salpeter 43 L
el saludo Gruß 16
El Salvador El Salvador 3 B
salvar retten 42
el santo Namenstag 16
la sardina Sardine 14 B; 19 L; 21
satélite Trabanten- 22 L
se man 37; sich (refl.) 21
sé (Präs. saber) ich weiß 2
seco trocken 17
la secretaria Sekretärin 26 L
la sed (Durst): tener ~ Durst haben 13

en seguida sofort 10
segundo zweiter 13*; 20
  de segunda zweiter Klasse 28
  de segunda mano aus zweiter Hand 33
el **segundo** Sekunde 23 A
seis sechs 4
el **sello** Briefmarke 6
la **semana** Woche 12
semejante ähnlich 21
sencilla (habitación ~) Einzel- (Zimmer) 13*
estar sentado sitzen 15
sentarse me siento sich setzen 39
sentir bedauern (fühlen) 38
el **señor** Herr 1
la **señora** Frau, Ehefrau 2
los **señores** Eheleute, Herrschaften 14
la **señorita** Fräulein 3
se(p)tiembre September 16
ser soy 1; 20
la **servilleta** Serviette 15
servir: ¿En qué puedo servirle? Womit kann ich Ihnen dienen? 36
setecientos siebenhundert 11
el **sexo** Geschlecht 43 Ü
sexto sechster 14
si ob 8
Si acabamos de comer. Wir haben doch eben gegessen. 26
sí ja 1
siempre immer 10
¡Siéntese! (Imp. sentarse) Setzen Sie sich! 41*
Lo siento. (sentir) Es tut mir leid. 38
siete sieben 6
el **siglo** Jahrhundert 43 L
el **siguiente** der nächste 41*; 44
la **silla** Stuhl 7
el **sillón** Sessel 15 Ü; 27
simpático freundlich 7
sin ohne 40*
sin embargo trotzdem 43 L
la **sinfonía** Sinfonie 23 Ü
la **sirena** Sirene 33
el **sistema de riego** Bewässerungssystem 34 L
el **sitio** Platz, Ort 44 Ü
la **situación** Lage 41 Ü
situado gelegen 22 L
sobre über 16; ~ **todo** besonders 29 L
el **sobrecito** hier: kleiner Beutel 4
de sobremesa nach dem Essen 15
social sozial 42 Ü
la **sociedad** Gesellschaft 37 Ü; ~ **de consumo** Konsumgesellschaft 37 Ü
el **sol** Sonne 16; **hace** ~ die Sonne scheint 16
el **sol peruano** peruanischer Sol (Währung) 38
solar: la energía ~ Sonnenenergie 30 Ü
solamente nur 6
el **soldado** Soldat 22
la **soledad** Einsamkeit 43 L
sólo nur 10
solo allein 13

el **soltero** Junggeselle 30
la **solución** Lösung 37
solucionar lösen 37
la **sombra** Schatten 16
el **sombrero** Hut 43 L
son (ser) das macht 6; sie sind 7; es ist 14
sonar ue klingeln, läuten 15
la **sopa de letras** Buchstabensuppe 3 Ü
la **sorpresa** Überraschung 40 Ü
soy (ser) ich bin 15
Sr. (Abk. für) señor 38
Sra. (Abk. für) señora 38
Srta. (Abk. für) señorita 16
Sr. D. Herrn (Adresse) 16
su sein, ihr (Sing. und Pl.); Ihr 5 Ü; 10
subir hinaufgehen 23*; einsteigen 24
sucio schmutzig 15
el **sucre** (Währung Ekuadors) 43 L
sudamericano südamerikanisch 43 L
sudar schwitzen 25
Suecia Schweden 18
sueco schwedisch 18
el **sueño: tener** ~ müde sein 25
Suiza Schweiz 29 L; 33
la **superficie** Fläche, Oberfläche 43 L
el **supermercado** Supermarkt 14
supremo hier: der Allmächtige 43 Ü
el **sur** Süden 3 L; 13; **al** ~ **de** südlich von 21
surtir (Katalanisch) ausgehen 34 L
suyo sein, ihr (Sing. und Pl.); Ihr 31

T

el **tabaco** Tabak 1
el **taburete** (Bar-)Hocker 10
el **talento** Talent 43 Ü
el **taller** Werkstatt 33
también auch 1
tampoco auch nicht 20
tan ... como so ... wie 11 Ü
tanto ... como so viel ... wie 22 L
tantos so viele 37
las **tapas** Appetithappen 39
la **taquilla** Fahrkartenschalter 26
la **taquillera** Kassiererin, Schalterbeamtin 42
tardar en brauchen, dauern 18
tarde spät 10; **más** ~ später 16
la **tarde** Nachmittag 7; **esta** ~ heute nachmittag/abend 20; **por la** ~ nachmittags 20
la **tarifa** Tarif 28 Ü
el **taxi** Taxi 15
el **taxista** Taxifahrer 32
la **taza** Tasse 7
el **té** Tee 10
te dich, dir (refl.) 21; (Akk.) 26; (Dat.) 19
el **teatro** Theater 15 Ü; 44
los **tejanos** Jeans 12 B

el **telediario** Tagesschau 20
el **teléfono** Telefon 7*; 12
la **tele(visión)** Fernsehen 20
el **televisor** Fernsehapparat 18
la **temperatura media** Durchschnittstemperatur 19 L
temprano früh 28 A
el **tenedor** Gabel 15
tener ie tengo haben 15
  tener ocho años acht Jahre alt sein 8
  tener cuidado con vorsichtig sein mit 41*
  tener frío frieren 16 Ü
  tener ganas (de) Lust haben (zu) 25
  tener hambre Hunger haben 13
  tener prisa es eilig haben 15
  tener razón recht haben 28
  tener sed Durst haben 13
  tener sueño müde sein 25
tener que müssen 14
¡Tenga! (Imp. tener) Bitte! 6
tengo (tener) ich habe 8; ~ **calor** mir ist warm 16
tenir (Katalanisch) haben, besitzen 34 L
el **tenis** Tennis 37 Ü; 39*
tercer/o dritter 13*; 20
terminar enden 10
la **terraza** Terrasse 37
terrible furchtbar 35*; 36
el **territorio** Gebiet 43 L
textil Textil- 13
ti dich, dir 15
la **tía** Tante 26
el **ticket** Schein 38
el **tiempo** Wetter 16; Zeit 18; **¿Qué** ~ **hace?** Wie ist das Wetter? 15
la **tienda** Geschäft 9
tiene (tener) er, sie hat; Sie haben 8
la **tierra** Land 21 Ü; 22 L
tindre (Valencianisch) haben, besitzen 34 L
típicamente typisch 42 Ü
el **título** Titel, Überschrift 43 Ü
tocar: Le toca a él. Er ist an der Reihe. 42
tocar (la guitarra, el piano, la flauta, en una orquesta) (Gitarre, Klavier, Flöte, in einem Orchester) spielen 37 Ü
todavía noch 13; ~ **no** noch nicht 13
todo ganz 10; alles 15; ~ **el día** den ganzen Tag 10
todos, -as alle 17; **todos los años** jedes Jahr 30
¡Toma! (Imp. tomar) Nimm! 26
tomar nehmen; trinken 7
el **tomate** Tomate 14
¡Tome! (Imp. tomar) Nehmen Sie! 4*; 22 L
la **tonelada** Tonne 34 L
la **torre** Turm 22 L
la **tortilla** Omelett 10
la **tostada** Toastbrot 10
en total insgesamt 10

trabajador arbeitsam 45 L
trabajar arbeiten 5
el **trabajo** Arbeit 7
el **tractor** Traktor 34 L
la **tradición** Tradition 43 Ü
traer traigo bringen; mitbringen 15
¡Tráigame ...! (Imp. traer) Bringen Sie mir ...! 39
el **tráfico** Verkehr 22 L
el **traje** Anzug 12 B; 13
tranquilamente in aller Ruhe 37
el **transbordo** Umsteigen 24
el **transistor** Transistorradio 18
trece dreizehn 6
treinta dreißig 8
el **tren** Zug 3; ~ **rápido** Schnellzug 28 A
tres drei 1
el **trigo** Weizen 22 L
triste traurig 42
tú du 4
tu dein 20
el **turismo** Tourismus 18
el/la **turista** Tourist/in 4 Ü; 18
turístico Touristen- 29 L
tuvo que (indefinido tener que) er, sie mußte; Sie mußten 44

U

Ud. (Abk. für) usted 4
último letzter 20
un, una ein/eine 1
la **unión** Verbindung 43 Ü
universal Welt ... 43 Ü
la **universidad** Universität 35
uno ein/eins 1; **el** ~ **de se(p)tiembre** der erste September 16
unos, unas (unbest. Art. Pl. mask. fem.); **unos treinta** ungefähr dreißig 8
Uruguay Uruguay 3
usted Sie 2; 23
la **uva** Weintraube 14

V

va (ir) er, sie geht; Sie gehen 3
las **vacaciones** Ferien 18; **de** ~ in Ferien 18
vacío leer 44
la **vainilla** Vanille 39
vais (ir) ihr geht 7
¡Vale! Einverstanden! 15
¿Cuánto vale ...? Wieviel kostet ...? 22 L
vamos (ir) wir gehen 7
varios verschiedene 22 L; einige 29 L
vas (ir) du gehst 3
el **vasco** Baskisch (Sprache) 3 L
vasco baskisch 19 L
el **País Vasco** Baskenland 19 L
el **vaso** Glas 10
¡Vaya! (imp. ir) Gehen Sie! 41
Vd. (Abk. für) usted 42
a veces manchmal 10
la **vega** Flußufer 40*
el **vendedor** Verkäufer 22
vender verkaufen 13

Venezuela Venezuela 3 B
vengo (venir) ich komme 24
venir ie vengo kommen 15
la **ventana** Fenster 15 Ü; 16
ver veo sehen 16; **a** ~ **si** mal sehen, ob 8
el **verano** Sommer 16
la **verdad** Wahrheit 8; **es** ~ es stimmt 8; **¿verdad?** nicht wahr? 14
verde grün 15 Ü; 18 L; 28
los **verdes** die „Grünen", die Ökologisten 30 Ü
el **vermú** Wermut 39
verse nos vemos sich treffen 29
verticales hier: senkrecht 40 Ü
el **vestido** Kleid 12 B; 26
la **vez** (Pl. veces) Mal 23*; **a la** ~ gleichzeitig 41*
vi (indefinido ver) ich sah 33
la **vía** Weg 22; Gleis 25 B
el **viajante** (Handels-)Reisender 13
viajar reisen 13
el **viaje** Reise 26
el **viajero** Reisender 23
la **vida** Leben 23 Ü; 45 L
viejo alt 15 Ü; 45
viene, vienes (venir) 20; 24; **la semana que viene** nächste Woche 20
el **viento** Wind 16 (s. hace)
el **viernes** Freitag 20
el **vino** Wein 19 L; ~ **tinto** Rotwein 3 L; 14
la **viña** Weinberg, -garten 22 L
viño (Galicisch) Wein 21 L
visitar besuchen 26
visto (Part. Perf. ver) gesehen 14
viven de (vivir de) sie leben von 19 L
vivir wohnen, leben 14 Ü; 20
volver ue zurückkommen 17 Ü; 20
vosotros, -as ihr 10; euch 35
voy (ir) ich gehe 3
la **vuelta** (herausgegebenes) Wechselgeld 6
la **vuelta** Rückkehr; **ida y** ~ Hin- und Rückfahrt 28; **la** ~ **a España** Spanienrundfahrt 39*
vuelto (Part. Perf. volver) zurückgekommen 15
vuestro euer 15

X

xantar (Galicisch) essen 21 L

Y

y und 1
ya schon 6; 13
ya no nicht mehr 6
yo ich 5

Z

la **zapatería** Schuhmacherwerkstatt; Schuhgeschäft 33
el **zapato** Schuh 3 L; 33

Erklärung der grammatischen Fachausdrücke

Adjektiv = adjetivo: Eigenschaftswort (*contento* zufrieden, *libre* frei)
Adverb = adverbio: Umstandswort (*aquí* hier, *así* so, *tarde* spät)
Akkusativ = acusativo: Wenfall (Yo no tengo *coche*. Ich habe kein Auto.)
Artikel = artículo: Geschlechtswort (*el* hombre der Mann, *la* mujer die Frau)
Dativ = dativo: Wemfall (¡Lleva el libro *a tu hermano*! Bring deinem Bruder das Buch!)
Deklination = declinación: Beugung des Substantivs, Adjektivs, Pronomens, Zahlworts
Demonstrativpronomen = pronombre demostrativo: hinweisendes Fürwort (*este* dieser hier, *ese* dieser da, *aquel* jener)
Diminutiv = diminutivo: Verkleinerungswort (*carrito* kleiner Wagen)
Diphthong = diptongo: Verbindung von zwei derselben Silbe angehörenden Vokalen (per*ió*dico, v*ue*lta, v*ie*ne)
feminin = femenino: weiblich
Finalsatz = oración final: Umstandssatz der Absicht oder des Zwecks (Me mandó un cheque *para que pagara/para pagar el hotel*. Er schickte mir einen Scheck, um das Hotel zu bezahlen.)
Futur I = futuro imperfecto: unvollendete Zukunft (*iré* ich werde gehen)
Futur II = futuro perfecto: vollendete Zukunft (A las seis *habré terminado* ese trabajo. Um 6 Uhr werde ich diese Arbeit beendet haben.)
Genitiv = genitivo: Wesfall (los discos *de los chicos* die Schallplatten der Jungen)
Gerundium = gerundio: Verlaufsform (estoy/estaba *escribiendo* ich bin/war dabei zu schreiben)
historische Vergangenheit = indefinido (*Llegó* a Madrid a la una. Allí *cambió* de avión. Sie kam in Madrid um 1 Uhr an. Dort stieg sie in ein anderes Flugzeug um.)
Imperativ = imperativo: Befehlsform (¡*Mira*! Sieh mal!, ¡*No abra* la ventana! Öffnen Sie das Fenster nicht!)
Imperfekt = pretérito imperfecto: Vergangenheitsform (El joven *era* alto y *tenía* el pelo rubio. Der junge Mann war groß und hatte blondes Haar.)
Indikativ = indicativo: Wirklichkeitsform
Infinitiv = infinitivo: Grundform (*beber* trinken)
Interrogativpronomen = pronombre interrogativo: Fragefürwort (¿*quién*? wer?, ¿*qué*? was?)
Intonation = entonación: Satzmelodie
Kausalsatz = oración causal: Umstandssatz des Grundes (No va *porque está muy cansado*. Er geht nicht hin, weil er sehr müde ist.)
Komparativ = comparativo: Vergleichsform, Höherstufe (Carlos es *más alto que* Luis. Carlos ist größer als Luis.)
Komparativsatz = oración comparativa: Umstandssatz des Vergleichs (Juan bebe vino *como si fuera agua*. Juan trinkt Wein, als ob es Wasser wäre.)
Konditional = condicional: Bedingungsform (*Viviríamos* todos juntos. Wir würden alle zusammen leben.)
Konditionalsatz = oración condicional: Umstandssatz der Bedingung (*Si no fumara y no bebiera,* tendría una fortuna. Würde er nicht rauchen und nicht trinken, so hätte er ein Vermögen.)
Konjugation = conjugación: Beugung des Zeitworts
konjugieren = conjugar: ein Verb beugen
Konjunktion = conjunción: Bindewort (*porque* weil, *y* und)
Konjunktiv = subjuntivo: Möglichkeitsform (Ella me dijo que *me quedara* en casa. Sie sagte mir, ich solle zu Hause bleiben.)
Konsonant = consonante: Mitlaut
Konzessivsatz = oración concesiva: Umstandssatz der Einräumung (Salgo *aunque llueva*. Selbst wenn es regnet, gehe ich hinaus.)
maskulin = masculino: männlich
Modalsatz = oración modal: Umstandssatz der Art und Weise (Dínoslo *sin que lo oiga él*. Sag es uns, ohne daß er es hört.)
Modalverb = verbo modal: Zeitwort, das vorwiegend ein anderes Sein und Geschehen modifiziert (*Tengo que* quedarme en casa. Ich muß zu Hause bleiben.)
Negation = negación: Verneinungswort (*no* nein, *nunca* niemals)
Neutrum = neutro: sächliches Geschlecht (*lo bueno* das Gute)
Nominativ = nominativo: Werfall (*El señor Sotelo* entra en el estanco. Herr Sotelo betritt den Tabakladen.)
Partizip Perfekt = participio perfecto: Mittelwort der Vergangenheit (*comido* gegessen, *escrito* geschrieben)
Passiv = voz pasiva: Leideform
Perfekt = perfecto: vollendete Gegenwart, Vorgegenwart (¿Ya *ha venido* Pedro? Ist Pedro schon gekommen?)
Personalpronomen = pronombre personal: persönliches Fürwort (*yo* ich, *usted* Sie, *ella* sie)
Plural = plural: Mehrzahl
Plusquamperfekt = pluscuamperfecto: vollendete Vergangenheit, Vorvergangenheit (Todavía no *habíamos comido* cuando llegó ella. Wir hatten noch nicht gegessen, als sie kam.)
positiv = positivo: Grundstufe des Adjektivs (*bueno* gut)
Possessivpronomen = pronombre posesivo: besitzanzeigendes Fürwort (*mi* mein, *vuestro* euer)
Präposition = preposición: Verhältniswort (*para* für, *sin* ohne)
Präsens = presente: Gegenwart (*Trabajo* mucho pero *gano* poco. Ich arbeite viel, verdiene aber wenig.)
Präteritum = pretérito imperfecto: s. Imperfekt
Pronomen = pronombre: Fürwort
reflexives Verb = verbo reflexivo: rückbezügliches Zeitwort (*acostarse* sich ins Bett legen, *levantarse* aufstehen)
Reflexivpronomen = pronombre reflexivo: rückbezügliches Fürwort (*Se* levanta, *se* afeita y *se* lava. Er steht auf, rasiert und wäscht sich.)
Relativpronomen = pronombre relativo: bezügliches Fürwort (El coche *que* ves allí es nuevo. Das Auto, das du dort siehst, ist neu.)
Relativsatz = oración de relativo: Gliedsatz, der durch ein Relativpronomen oder -adverb eingeleitet wird (¿Es esto todo *lo que sabes*? Ist das alles, was du weißt?)
Silbe = sílaba: ein oder mehrere Laute, die zusammen ausgesprochen werden (a-cos-tar-se)
Singular = singular: Einzahl
Struktur = estructura: grammatisches Beziehungsgeflecht
Subjekt = sujeto: Satzgegenstand
Substantiv = sustantivo: Hauptwort (*el bolso* Tasche)
Superlativ = superlativo: Höchststufe, Meiststufe (Es *muy* guapa. Es *la chica más guapa* que yo conozco. Sie ist sehr hübsch. Sie ist das hübscheste Mädchen, das ich kenne.)
Temporalsatz = oración temporal: Umstandssatz der Zeit (Llovía *cuando salí* a la calle. Es regnete, als ich auf die Straße ging.)
Transferübung = ejercicio de transferencia: Anwendung des gelernten Sprachmaterials in neuen Situationen
unbestimmtes Pronomen = pronombre indefinido: unbestimmtes Fürwort (*alguno, alguien* jemand, *todos* alle)
unpersönliches Verb = verbo impersonal: Zeitwort, das kein persönliches Subjekt hat (*llueve* es regnet)
Verb = verbo: Zeitwort, Tätigkeitswort
Vokal = vocal: Selbstlaut

Algunos datos sobre los países de habla española

Más de **250 millones** de personas hablan español. El español se habla en **20 países** (no incluidos Guinea y Filipinas). Pero **sólo en 4 naciones** no se habla también un idioma distinto del español: Argentina, Chile, Costa Rica y Uruguay. En España se hablan también el **vasco**, el **catalán** y el **gallego**.
El **Quechua** se habla en Ecuador, Perú y Bolivia. El **Chibcha** se habla en Nicaragua, Panamá y Colombia. El **Maya** y el **Nahua** se hablan en México y El Salvador. El **Guaraní** se habla en Paraguay y Bolivia. El **Aymará** se habla en Bolivia y Perú. También se habla **inglés**, sobre todo en Puerto Rico, Panamá, Nicaragua, Honduras.

Todas las naciones de habla española son **Repúblicas Presidenciales,** excepto: España **(Monarquía),** Cuba **(República Socialista)** y el „**Estado Libre y Asociado** de Puerto Rico", autónomo, con ciudadanía norteamericana, pero sin derecho de voto en las elecciones USA.

El **país más extenso** es Argentina (2.776.889 km^2), seguido de México (1.972.547 km^2). Los **más pequeños** son Puerto Rico (8.897 km^2) y El Salvador (21.393 km^2).

Los países con **mayor número de habitantes** son México (73 millones) y España (38 millones). Panamá (2.040.000) y Costa Rica (2.320.000) son las naciones de **menos habitantes.** Pero el mayor número de **habitantes por km^2** lo tiene El Salvador (244,8), seguido de la República Dominicana (114,3). Los países menos poblados son Bolivia (5,4) y Paraguay (8,3).

Las **capitales más grandes** son Buenos Aires (10.900.000 habitantes) y México (14.400.000). Las **más pequeñas** son San José de Costa Rica (250.079) y Tegucigalpa (444.700).

El **peso** es la moneda más extendida (6 naciones). Los otras monedas son la **peseta** (España), el **quetzal** (Guatemala), el **colón** (El Salvador y Costa Rica), el **córdoba** (Nicaragua), el **lempira** (Honduras), el **balboa** (Panamá), el **sucre** (Ecuador), el **bolívar** (Venezuela), el **sol** (Perú), el **guaraní** (Paraguay), el **escudo** (Chile), el **austral** (Argentina).

En las **banderas** de estos países el color más frecuente es el azul (16 banderas), seguido del blanco (15) y el rojo (13).

Sachregister zur Grammatik

Die Zahlen verweisen auf die Paragraphen im Grammatikteil. Zu den einzelnen Formen des Pronomens und zu den unregelmäßigen Verben siehe das alphabetische Wörterverzeichnis.

acabar de + Inf. 62
Adjektiv
  Formen und Deklination 9, 10
  Stellung 11
  Komparativ und Superlativ 12-14
Adverb 16
Akkusativ
  Akkusativ mit *a* 7
  Formen des Pronomens 27
  Stellung 28
  Zusätzliches Pronomen 29
al (a + el) 2
Alter 21, 91 (*tener*)
Anzahl 6
aquí, allí, ahí 37a
Artikel
  bestimmt 1, 3
  unbestimmt 1, 3
bien 16c
buen, bueno 11b, 12 b
Dativ
  Formen des Pronomens 30
  Stellung 31
  Zusätzliches Pronomen 32
Datum 20, 22
del (de + el) 2
Demonstrativpronomen 35-37
Diminutiv 8
estar
  Konjugation 77
  Gebrauch und Bedeutung 50, 97
  vor Adjektiven 99
  vor Partizipien 101
estar – ser 99, 100
Fragepronomen 47
Futur 59
Genitiv 5
Gerundium 57, 58
grande 11c, 12b
Grundzahlen 18
hace + Zeitangabe 79 (*hacer*)
hay 48
hay que + Inf. 78 (*haber*)
historische Vergangenheit 64, 65
Imperativ 68, 69
Imperfekt 66, 67
indefinido 64, 65
–ísimo 14
jugar a 3h
Jahreszahl 20, 22, 23
Jahrhundert 22, 23
llevar + Zeitangabe 97 (*ser*)
mal, malo 11b, 12b, 16c
„man" 96

Maß 6
Menge 6
medio 3k
–mente 16b
Monate (im Datum) 20, 23
mucho 16c, 17
muy 17
Nationalitätsadjektive 9b, 10
Negation 102
Ordnungszahlen 24
otro 3j
Passiv 96
pequeño 12b
Partizip Perfekt 60, 61
Perfekt 60-62
Personalpronomen
  als Subjekt 25
  nach einer Präposition 26
  als Objekt 27-32
Plusquamperfekt 63
poco 16c
Possessivpronomen
  unbetonte Formen 45
  betonte Formen 46
Präsens 51-56
primer, primero 24
regelmäßige Verben
  auf *–ar* 51
  auf *–er* 52
  auf *–ir* 53
Reflexivpronomen 33
  Stellung 34
Reflexivverben 33
Relativpronomen 43, 44
sehr 17
ser
  Konjugation 90
  Gebrauch und Bedeutung 49, 98
  vor Adjektiven 99
ser – estar 99, 100
Substantiv 4
tener que + Inf. (*tener*) 91
tercer, tercero 24
unbestimmtes Pronomen 38-42
unregelmäßiger Indefinido 65c
unregelmäßiges Partizip 61c
unregelmäßige Verben 54-56, 70-95
Uhrzeit 19
Verb
  regelmäßig 51-53
  mit Diphthong 54-56
  unregelmäßig 70-95
Vergleich 15
Zahlwörter 18-24